别输在不会幽默上

BIE SHUZAI BUHUI YOUMO SHANG

高学森◎编著

中华工商联合出版社

图书在版编目（CIP）数据

别输在不会幽默上 / 高学森编著 . -- 北京：中华
工商联合出版社 , 2019.2
ISBN 978-7-5158-2459-8

Ⅰ . ①别… Ⅱ . ①高… Ⅲ . ①幽默（美学）—语言艺术—通俗读物
Ⅳ . ① H019-49

中国版本图书馆 CIP 数据核字 (2019) 第 011937 号

别输在不会幽默上

作　　者：高学森
项目统筹：李红霞
责任编辑：马　燕
封面设计：天之赋设计室
责任审读：郭敬梅
责任印制：迈致红
特约策划：罗清元
出版发行：中华工商联合出版社有限责任公司
印　　刷：廊坊市瑞德印刷有限公司
版　　次：2019 年 5 月第 1 版
印　　次：2019 年 5 月第 1 次印刷
开　　本：710mm×1000mm　1/16
字　　数：220 千字
印　　张：12.5
书　　号：ISBN 978-7-5158-2459-8
定　　价：45.00 元

服务热线：010-58301130
销售热线：010-58302813
地址邮编：北京市西城区西环广场 A 座
　　　　　19-20 层，100044
http://www.chgslcbs.cn
E—mail：cicap1202@sina.com（营销中心）
E—mail：gslzbs@sina.com（总编室）

前　言

　　幽默是一种能力，一种与人沟通的能力。

　　幽默是一种语言艺术，是智慧的结晶，是一个人良好素质和修养的表现。一位哲人说过：幽默是我们最亲爱的伙伴。我们的生活需要幽默，没有了幽默，生活将会变得单调而缺乏色彩，岁月将会变得枯寂、干涸。幽默给予我们的是源源不断的甘泉，它滋养着我们的心灵，润饰着我们的生活。它使我们在黑暗中看到光明，在绝境中看到希望，它是寒冬里的一盆炭火，它是窘迫时的一个笑容……幽默美妙而又神奇。同时，幽默还表现一种诙谐，一种才华，使人们能置身于轻松有趣又能领悟哲理的环境当中。幽默可以帮助人减轻人生的各种压力，摆脱困境；幽默也能帮助你战胜烦恼，振奋精神，转败为胜。幽默以善意的微笑代替抱怨，使生活变得更有意义。当你把你的幽默作为礼物赠予他人时，会得到相应的甚至更多的回报，因此，幽默口才成为大家共同追求和倡导的一种艺术。

　　幽默是一种学问，一句幽默的话就可以让陷入僵局的谈判起死回生；一句幽默的话也可以让剑拔弩张的气氛变得轻松缓和；一句幽默的话可以让你成为众人关注的焦点；一句幽默的话也可以让初次见面的异性对你一见钟情；一句幽默的话还能让你博得他人的同情和爱心。所以说，幽默不仅是生活的调味剂，也是工作的润滑剂；不仅是爱情的兴奋剂，也是对立的消融剂；不仅是家庭生活的粘补剂，也是仇敌宿怨者的稀释剂。

　　本书分别从人生、社交、职场、生活等几个方面，生动而具体地讲述了幽默的应用，用了大量趣味横生的案例，并进行了分析，在给人们带来快乐的同时，让人们逐渐掌握提高幽默的方法。

　　快乐开心过一生是每个人心中的梦想。人生有许多无奈、愁苦与悲伤，而幽默正是化解的妙方，它展示着人们战胜逆境、迎向阳光的乐观和自信。因此，只有你读懂了它，才能读懂人生，懂得如何缔造更有意义的生活。我们每一个人不一定要成为幽默大师或者演讲家，但我们至少可以成为具有幽默感的人，懂得欣赏幽默，让幽默融入我们的生活，让每个人都快乐起来！

目 录

第一章 | 人生处处谈幽默

幽默是悲观、烦恼、失意、忧愁的克星。幽默可以改变我们灰暗、消沉的心境，帮助我们找回自信、激情和兴致，使我们精神爽朗、心情舒畅，使我们的生活充满温暖的阳光。幽默的力量在于调节关系，活跃气氛，让人敞开心胸，尽情欢笑，享受美好人生。

情趣盎然的幽默

在生活中，幽默是不可或缺的，它具有缓解矛盾、消除误会等功能。适宜的幽默，会让生活更加舒畅，充满欢声笑语。

强强写的作文标题是《我的父亲》，他写道："我的父亲毅力坚强，能够爬上珠穆朗玛峰，还能游过太平洋，会驾驶飞机飞过欧洲，他还会打倒一只凶猛的东北虎。我非常崇拜他。"

妈妈看见强强的作文，拿起笔在作文的结尾添了一句："平常他多半只是把垃圾拿到屋外去。"然后叫强强拿给父亲看。

强强的父亲看了大笑不止，说道："难道我就干那么一点点吗？我差不多是个雇佣军，24个小时都在劳作！"

在平时的生活中，多多运用幽默，能够让生活变得丰富多彩，让家人的感情更亲密，并让生活充满情趣。

幽默的魅力主要在于它能营造欢乐的气氛，使平凡、忙碌的生活充满趣味和欢笑，让亲人体味到生活的幸福。在生活中，我们不仅需要有对生活的热爱之情，更需要有幽默的言谈，因为它表现了你对生活的眷恋，对亲人的关怀。让幽默充满生活，是营造美满和谐生活的良方。

一天，小李正与妻子看电视，小李非常同情电视剧中的男主人公，不禁发出了一声长叹。妻子察觉到了，问道："你不好好看电视，为什么长叹？"

小李说："人都说：'水可载舟，也可覆舟。'我想这女人好比是水，男人好比是船。"

没想到他的妻子立刻沉下了脸，厉声问道："自从我跟你结婚到现在，我让你翻过几次船？今天你不说清楚，我跟你没完。"她一边叫嚷，一边揪住了小李的衣领，眼看一场家庭大战就要爆发。

小李立即辩解："我想我跟电视剧中的男主人公一样，是一艘潜水艇，终年潜伏水下，虽不能扬帆千里，也无覆舟之虑，这样才能'天下太平'呀！"

妻子听后转怒为喜。可见，如若没有幽默，是无法让生活和谐美满的，这是许多人所共有的体会。

有一次，两个兄弟在一张桌子上写作业，不知什么原因吵了起来，爸爸忙问是怎么回事。

哥哥说："他的胳膊越过了线，跑到我这边了。"弟弟说："我正在写字，胳膊就被他打了一拳。"

原来他俩为了互不侵犯，在桌面上画了一条线作为界限，弟弟不小心超越了界限，因此吵了起来。

爸爸对弟弟说，"你看看你，怎么搞'侵略'呢？"然后又对哥哥说："你只是画了一道线能挡住什么呢？我看还是筑堵墙才好，就像秦始皇筑长城那样，这样才牢固不可侵犯。"

兄弟俩的脸都红了，相视一笑，赶紧抹去桌面上的界线。

幽默具有化干戈为玉帛的力量，它能让人们不再为小事斤斤计较，和谐幸福地生活。幽默是营造和谐美满生活的源泉，它能增进家庭成员的信赖，维持良好的关系，并能活跃气氛、愉悦性情，强化亲人之间的感情和吸引力。

缓和气氛的幽默

人都生活在社会之中，任何时候都面临着同别人"交际"的课题，人是不能"离群索居"的。为了顺利进行交际，适当使用幽默就显得非常必要。

任何人的交际都不可能是一帆风顺的。遇到紧张的气氛时，就需要用幽默的方法进行调节，使气氛变得轻松和谐。这时我们不仅要制造出笑声，更需要与别人一起笑，正确地对待别人的笑。

有个盲人和众人坐在一起。众人看见了可笑的事，就一起大笑起来。那个盲人也跟着大家一起笑。众人就奇怪地问他："你看见了什么而发笑？"

盲人说："你们所笑的，一定不会错。"

众人笑的一定不会错，所以不要吝惜你的笑声，跟着大家一起笑吧！在人际交往中，如果不能正确地对待别人的笑，就会给自己带来烦恼。正确的态度应该是当我们遇到别人发笑时，要像舞台上的小丑一样，对自己有充分的信心，不要怕别人嘲笑、讪笑、大笑……有了这种心境，才能保持内心的安定，避免不必要的烦恼。

在遇到交际气氛沉闷的时候，不妨说上一段荒谬的故事。荒谬的故事也能因其趣味性而增进个人的幽默感，从而活跃交际的气氛。比如，你可以讲这样一个故事：

有一个盲人，虽然眼睛看不见东西，却能用鼻子闻出文章的气味。有个秀才听说了，就拿了一本《三国志》让盲人闻。盲人说："这是《三国志》。"秀才问："你是怎么知道的？"盲人回答："我闻着有些刀兵气。"秀才又拿出一本《西厢记》让盲人闻，盲人说："这是一本《西厢记》。"秀才又问："你是怎么知道的？"盲人回答："我闻着有些脂粉气。"秀才觉得很奇怪，就把自己的文章让盲人闻，盲人说："这是你自己的大作。"秀才佩服地说："你是怎么知道的？"盲人说："我闻着有些臭气。"

在社交中，任何人都难免无意中犯下错误，这就需要我们用幽默的态度去宽容别人。如在公共汽车上被人踩到脚是很常见的事情。如果你遇到这种情况时，"火冒三丈"就有可能爆发一场无休止的战争；但是如果你能幽默地说上一句："对不起，是我让你没能'脚踏实地'。"这样，对方就只有"自我检讨"了。

而对于自己的偶犯错误也应该采取积极的态度，不要把事情搞得更糟，就像这位先生：

某人赴宴迟到，匆忙入座后，发现烤乳猪就在他面前，于是高兴地说："还算好，我坐在乳猪的旁边。"话刚出口，他却发现身旁坐着一位胖女士，正对他怒目而视，便急忙赔着笑脸说："对不起，我是说那只烧好了的。"

此人的失误有两点：一是说话不注意语言所指与交际环境的协调性；二是语言表达缺乏明晰性，他的两句话都有歧义；如果说前一句可以作两可解释的话，那后一句就是明确说对方是"没有烧好的乳猪"了。这两句话都会使现场气氛紧张，还可能引发更激烈的争吵，其实那位先生绝对不会有意攻击对方，所以，如果那位"胖女士"对前一句话不是"怒目而视"，而是幽默地加以对待，甚至回敬他一句"难道你不怕也被烤熟了吗"，就会缓和当时的紧张气氛，也会使"某人"及时认识自己说错了话，就不会再犯第二个错误。

总之，在人际交往中，能够灵活机动，适时地运用幽默，就能化解尴尬和紧张的气氛，还能为你赢得更加广泛的人脉。

调节心态的幽默

幽默属于乐观主义者，能让人笑口常开，给人一种乐观向上的精神力量。在悲伤的时候，幽默不一定能让你快乐起来，但是它能够帮助你如何笑对人生，如何轻松愉快而又有意义地生活。

在一场战争中，战败方的一位将军被炮弹夺去了左腿。他的勤务兵抱着他空荡荡的裤管失声痛哭，将军却泰然自若地笑着打趣："傻小子，以后你每天只需要擦一只皮鞋就好了。"勤务兵破涕为笑，将军的乐观精神影响着身边的人，军队重振旗鼓，最终取得了胜利。

凤凰城著名演说家罗伯特说："我发现幽默具有一种把年龄变为心理状态的力量，而不是生理状态的。"他还有另外一句著名的妙语："青春永驻的秘诀是谎报年龄。"他70岁生日时，有很多朋友来看望他，其中有人劝他戴上帽子，因为他头顶秃了。罗伯特回答说："你不知道光着秃头有多好，我是第一个知道下雨的人！"

幽默能让世人笑口常开，从而能从一种乐观向上的生活态度中获得幸福的感觉。

有这样一则故事：

在一个小山村里，有一对残疾夫妇，女人双腿瘫痪，男人双目失明。春夏秋冬：播种、管理、收获……一年四季，女人用眼睛观察世界，男人用双腿丈量生活。时光如流水，却始终没有冲刷掉洋溢在他们脸上的幸福。

有人问他们为什么如此幸福时，他们异口同声地反问："我们为什么不幸福呢？"男人笑着说："我双目失明，才能完全拥有我妻子的眼睛！"女人也微笑着说："我双腿瘫痪，我才完全拥有他的双腿啊！"

这就是幸福，一种乐观豁达的胸怀，一种左右逢源的幽默人生佳境！

拥有了这种胸怀和这种佳境，心灵就犹如有了源头的活水，我们就能用心灵的眼睛去发现幸福，发现美。在我们眼中，姹紫嫣红、草长莺飞是美的；大漠孤烟、长河落日也是美的；我们甚至可以用心领会到"留得残荷听雨声""菊残犹有傲霜枝"的优美意境。

这就是乐观，这就是幸福……

如果我们像那对夫妇一样，抱着这种乐观的生活态度，去发现幽默，发现幸福，我们必然能生活在欢声笑语中。下面是一个相关的名人幽默故事：

有一次美国第 26 任总统西奥多·罗斯福（1858—1919）的许多东西被偷了。他的朋友写信安慰他，他在给朋友的回信中说："谢谢你来信安慰我，我现在很平静。这要感谢上帝，因为：第一，贼偷去的是我的东西，而没有偷去我的生命。第二，贼只是偷去了我一部分东西，而不是全部。第三，最值得庆幸的是：做贼的是他，而不是我。"

欢乐和笑声是人们生活中必备的良药，它使人们总能保持一种乐观的生活态度。只要幽默存在，就能使人放松心情，而唯有贤者才能在任何情况下都保持宽松的心境。

拥有乐观的人生态度是幸福的支柱。而幸福是乐观要抵达的目的地，要想使自己幸福，就要首先具备乐观的精神、幽默的心态。

生活是多姿多彩的，关键是你用什么样的眼光来看待它。拥有一个正确的视角，你会发现生活原来如此美好。

风趣人生的幽默

山间清泉之所以汩汩流淌，是因为有大地的水源；幽默者之所以语言风趣幽默，是因为他的内心永远都保持一种豁达开朗的境界。

幽默是以轻松的微笑来表达某些严肃的概念，幽默体现着一种人生的智慧，体现着乐观积极的处世方式和豁达的人生态度。幽默是社会活动的必备礼品，是活跃社交场气氛的最佳调料。当一个人放弃了一切功名利禄的牵挂后，其思想之笔就能蘸着人性之美的墨汁创作奇文妙章，其语言之鸟就能展开幽默的翅膀，在心灵的天空中自由飞翔。

心情沉重的人是笑不起来的，整天牵肠挂肚的人话里肯定有着化不开的忧郁。充满狐疑的人，话里肯定不会荡漾着暖融融的春意，只有心怀坦荡、超越了得与失的大度之人，才能笑口常开，话中总是带着对他人意味深长的关爱，带着自信与豁达。

我国书画家启功成名之后，经常有人上门求字求画。启功先生为人谦和，心地善良，不愿拂人意，然而，上门的人太多，严重影响了老人的工作、创作和身体健康，所以，他无奈地在自己的门上挂个牌子，上写："大熊猫病了！"来者通常会心一笑，打道回府。

人们都喜欢听幽默的语言，就像喜欢听动人的音乐、欣赏美妙的诗篇一样。我们和谈吐幽默的人在一起，往往就像置身于蔚蓝的大海边或壮美的大山中一样让自己陶醉。幽默风趣的人，是我们生活中的一道亮丽的风景线。

美国前总统卡特在南方时，曾虔诚地接受过基督教的洗礼。由于这段经历，记者们常常喜欢让他就道德问题发表看法，其中不乏一些不太礼貌的难题。

其中一位记者问卡特："如果有人告诉你：你的女儿与别人有不正当的恋爱关系，你将做何感想？"卡特回答说："我会大吃一惊，不知所措。"稍作中断后他又加上一句："不过现在还不用操心，她刚刚七岁。"在场的人听了会心而笑。

当然，幽默并非某些人的独家专利。幽默是一门任何人都能掌握的语言艺术。林语堂在论及幽默时说道："幽默是由一个人旷达的心性中自然而然地流露出来的，其语言中丝毫没有酸腐偏激的意味。而油腔滑调和矫揉造作，虽能令人一笑，但那只是肤浅的滑稽笑话而已。只有那些巍巍荡荡、朴实自然、合乎人情、合乎人性、机智通达的语言，虽无意幽默，但却幽默自现。"

幽默可以调节沟通的气氛，还可以驱除沟通中的疲劳感，让人身心健康，延年益寿。据说，位于意大利亚平宁半岛的5700万人中就有1900万人在75岁以上，平均3万人中就有一个百岁老寿星。这里的人都有一个共同的特点：心胸坦荡、乐观开朗、幽默善谈。他们很爱辩论，虽然有时争得面红耳赤，但却极少真的互伤感情，因为他们总以十分幽默的语言来缓冲刺激、调节气氛。长期的观察证明，意大利人长寿的原因之一，是生活中充满了幽默。

人生有许多无奈，生活中也有诸事不能尽如人意，但幽默却能让你"笑看天下古今愁，了却人间许多事"。由此看来，能否幽默，并不单单靠智慧和口才，还要有知识底蕴，更需具备旷达的生活态度。

在美国佛蒙特州安诺斯堡的墓园里，有一块碑上写着："这里躺着我们的安娜，她是被一块香蕉害死的；错不在水果本身，而是有人乱丢香蕉皮。"还有一对夫妇为出生两周便夭折的孩子撰写的墓志铭颇令人回味："他来到这世上，四处看了看，不太满意，就回去了。"

它并没使你为之捧腹大笑，也没让你为此悲天悯人，却胜过任何说教，余音袅袅……这也是一种幽默：一种对世事的雍容大度，一种对人生的豁达感悟；要知道：幽默感是可遇而不可求的，它是思维的火花、智慧的结晶，它是长期积累的结果。

磨炼意志的幽默

在漫长的人生道路上，每个人都难免会与逆境狭路相逢。很多人畏惧逆境带来的动荡和痛苦，但从长远看，时常有些小挫折，倒是更能使人保持头脑清醒，经受得住考验，也更能磨砺人的意志品德。

幽默的人相信失败是成功之母。失败和成功在一定条件下是可以相互转化的，正因为曾经有失败，所以才能在不断总结失败的教训后获得成功。如果一个人一直都被成功包围，那么，偶尔一次小小的失败对他来说可能就是一次相当残酷的考验，失败可能就会如影随形。

幽默中渗透着一种坚强的意志。有幽默感的人往往是一个奋力进取的弄潮儿。他们面对失败的打击、恶劣的环境，往往能以幽默的态度自强不息。发明家爱迪生就是一个善于以幽默的态度对待失败而又能不断进取的人。

爱迪生在发明电灯的过程中，试验灯丝的材料失败了 1200 次，总是找不到一种能耐高温又经久耐用的好金属。这时有人对他说："你已经失败1200 次了，还要试下去吗？"

"不，我并没有失败。我已经发现 1200 种材料不适合做灯丝。"爱迪生幽默地说。

爱迪生就是以这种惊人的幽默力量，从失败中看到希望，在挫折中找到鼓舞。这就是作为伟大的发明家百折不挠、硕果累累的诀窍。有时候，面对失败，我们的意志和信心可能会滑坡，而适时的幽默可以帮助我们避免这一点。

有人打网球打不过他的朋友，他就可以幽默地对他的朋友说："我已经找出毛病在哪里了，我的嗜好是网球，可我却到乒乓球俱乐部里去学习。"

他也可以说："咱们打个平局，怎么样？我不想处处赶上你，你也别超过我。"

这种幽默不是自欺欺人，也不是要我们和鸵鸟一样在看到危险的时候把头埋进沙子里，这种幽默可以有效地防止我们的意志滑坡，还能在会心一笑中拉近我们与他人的心理距离。

人生路上，总会有些不如意，总会有些无奈。如果在生活中能够多用幽默，多一些笑容和轻松，多一点生活的趣味和调侃，我们的人生就没有什么克服不了的困难。

林肯当年当选为美国钢铁工会主席时，有人公开反对他，林肯面临着人生当中的一次危机。

有一次，当林肯在演说时，有听者当众要他下台。这时林肯微笑着说："谢谢各位的支持。我等一会儿再下台，因为我才刚刚上台呀。"

林肯的话让听众大笑，他们鼓掌支持林肯。林肯终于靠自己的毅力，赢得了听众的友爱和信任。

一个人只要懂得了如何去运用幽默，就能够坦然面对异常复杂、暗波汹涌的人生。幽默的言谈是一个人在面临困境时的表现，淡化人的消极情绪，让我们笑对人生中的苦难。

在这个世界上，我们都挑着不同的人生重担，走着不同的人生道路，同时，我们的人生观指导着我们以不同的方式来看待人生，看待我们身上的重担，看待我们所认识、所遭遇的每一个人和每一件事，并看清我们自己是什么样的人，在生活中扮演什么样的角色，如果要从中寻找出一个正确的、固定的模式，那便是以幽默面对困难重重的人生，以超然的态度对待人和事，磨炼自己的意志，荣辱不惊，泰然处之。

博人兴奋的幽默

生活经验和科学研究都证明，身体健康的重要保证是"心乐"。有健康的心理，才会有健康的身体。幽默常在，精神开朗，身体就容易康复；反之，如果忧愁悲伤，萎靡不振，疾病就会乘虚而入。

据美国芝加哥《医学生活周报》报道，美国一些医院已经开始雇用"幽默护士"，陪同重病患者看幽默漫画及谈笑，作为心理治疗的方法之一，因为幽默与笑声，往往可协助病人解除病痛。

的确，疾病对人的打击并不是一件小事，但一个有超脱、潇洒的生活态度的人却不会因此而失去生活的希望和欢乐。

不幸的基姆先生病了。医生为他做了检查之后，十分悲哀地告诉他："你的健康状况糟透了！您腿里有水，肾里有石，动脉里有石灰……"基姆接口道："现在您只要说我脑袋里有沙子，那么我明天就可以盖房子了！"

幽默和"笑"是密不可分的。"笑"是幽默的产品，而关于"笑"的功能，外国人说，"快乐的微笑是保持生命健康的唯一药方，它的价值是千百万，但却不要一分钱"。中国人说，"笑一笑，十年少"，"笑口常开，百病不来"。

有这样一个故事：

传说我国清朝有位八府巡按，长期患一种精神忧郁症，看了许多中医，都未见效。一天他因公坐船经过山东台儿庄，忽然犯了病，地方官员即推荐一位当地有名的老中医为他治病，先生诊脉后说："你患了月经不调症。"巡按一听，顿时大笑，认为他是老糊涂了。以后他每想起此事，就要大笑一阵，天长日久，他的病竟自己好了。过了几年，巡按又经过台儿庄，想起那次有病之事，特意来找老中医，想取笑一番，老先生说："你患的是精神忧郁症，无什么良药可治，只有心情愉快，才能恢复健康，我是故意说你患了'月经不调症'，让你常发笑。"

最新的医学研究也发现，笑口常开可以防治传染病、头痛、高血压，缓解过度的压力，对抵抗病菌的侵袭大有帮助。而不笑的人，患病概率较高，且一旦生病之后，也常是重病。

美国作家卡森斯曾担任《星期六评论》杂志的编辑。他长期日夜操劳，患了一种严重的病——结核体系并发症，身体虚弱，行动不便，痛苦万状。虽多方求医，但收效甚微，不少名医诊断为不治之症。

后来，卡森斯听了一位朋友的劝告，在除了必要的药物治疗外，决定采用一种奇特的幽默疗法。他搬离了医院，住进一家充满欢乐气氛的旅馆，常常看一些幽默风趣的喜剧片，和朋友们进行幽默的交谈，听人讲一些幽默的故事，使自己整天处于一种轻松欢快、无忧无虑的状态，每天都笑出声好一阵。卡森斯发现，一部 10 分钟的喜剧片可以带给他两小时无痛苦的睡眠，他还惊喜地发现，笑可以减轻发炎，而且这种"疗效"可持续很久。与此同时，他还辅以适当的营养疗法。几个月后，奇迹出现了，卡森斯居然恢复了健康。

卡森斯总结自己战胜病魔的经验，开出一张"幽默处方"，并风趣地取名为"卡森斯处方"。其中有这样一些内容：

"请认清每个人都有内在的康复功能。充实内在的康复能力，利用笑制造一种气氛，激发自己和周围其他人的积极情绪；发展感受爱、希望和信仰的信心；并培养强烈的生存意志。"

这一处方的核心是以笑来激发生活的力量、生存的意志、康复的能力，进而增强精力，战胜疾病。

有些科学家的研究还表明，欢乐和笑能刺激脑部产生一种使人兴奋的荷尔蒙。这种荷尔蒙一方面能促使身体增加抵御疾病的能力，另一方面还能刺激人体分泌一种名叫"因多芬"的物质，这是人体自然的镇静剂。这样，关节炎及某些创伤所引起的痛苦，会有所减轻。

烘托气氛的幽默

在家庭生活中，餐桌是一个重要的地方。在餐桌上，如果能够恰当地运用幽默，就可以让笑声弥漫整个家庭，让家人共度美好的时光。

妻子端上来一盘青菜，丈夫高兴地说："青菜可是我的命，要知道连鸡鸭鱼肉都比不过它的味道。"半个小时之后，妻子又端上了鱼肉，丈夫大吃鱼肉而对青菜不理不睬。

妻子见状，问道："你怎么不吃青菜呀？你不是说青菜是你的命吗？"

丈夫回答说："见了香喷喷的鱼肉，我就连命都不要了。"

有时候，在餐桌上运用幽默的方法，可以变废话为趣话，让生活充满情趣，使家人在心理、情感上靠得更近些。

聪明的人不会放弃在餐桌上巧用幽默的机会，调节就餐的气氛，使家人有一个和谐的就餐环境，甚至在充满笑声的环境中就餐，不仅可以让人心情愉快，还可以增进亲人间的感情。

进入家庭生活以后，柴米油盐不可避免地会取代恋爱阶段的花前月下。其实，在烦琐的家务中幽默也是无处不在，只要你善于观察，善于运用，柴米油盐也可以成为发挥幽默的素材。

在柴米油盐中发挥幽默，能让家人更为欣赏你，引发与家人之间的心灵共鸣，给生活增添更多笑声。

一天，妻子将煮好的汤端上了餐桌。丈夫喝了一口，说："亲爱的，这汤的味道真不错！对了，家里还有盐吗？"

妻子说："有！我现在就去拿……"

丈夫说："亲爱的，你不用拿了……"

妻子奇怪地问："为什么？"

丈夫说："我以为你把所有的盐都放进去了……"

在家庭生活中，多以琐事为主，柴米油盐成为生活中不可缺少的话题素材。借助于这些琐碎的小事，恰当地发挥幽默，可以为你的家庭增添无穷乐趣。"接吻是不能永久持续下去的，可饭却是要天天吃的。"这是英国著名作家梅瑞狄斯的一句名言。的确，进入夫妻生活以后，恋爱阶段的花前月下不可避免地要为油盐酱醋所取代。

有一位丈夫下班后回到家，见妻子还没回来，就打开电视机等着妻子回来做饭。妻子进门后也坐下来看电视，想歇一会儿再去做饭。

过了一会儿，丈夫的肚子开始"咕咕"叫起来，就催促妻子说："快去做饭吧，我饿得受不了啦！"

妻子说："那你帮我一块做。"

丈夫板下脸来，威胁地说："你再不去做，我可要上馆子去吃了！"

妻子说："好吧，请你等十分钟。"

丈夫取得了胜利，高兴地说："你真是越发能干了，十分钟就能做好饭吗？"

妻子说："不，十分钟我就能打扮好陪你上馆子了。"

丈夫无可奈何地一笑，只好帮着太太做饭。

有的男子，认为妻子做饭是天经地义的，不仅不做饭，还对饭菜挑三拣四，这也不吃，那也不吃。对这样的丈夫，妻子就不能一味地迁就，而是要学会幽默地回击！

丈夫下班回家，妻子正在厨房做饭。一进门，他就冲妻子喊："今天给我做什么好吃的了？"

妻子见他一见面就谈吃，淡淡地说："今晚的菜嘛，你倒可以选择。"

"是吗？都有些什么菜？"

"炒白菜。"

"还有呢？"

"没有了。"

"那我怎么选择？"

"你可以选择吃还是不吃。"

在婚姻中，到底"谁来做饭"的问题可大可小，关键要看夫妻俩如何化解冲突。而幽默不失为解决此类矛盾的一种有效手段，在夫妻相处中，应该多多运用。

巧添活力的幽默

幽默，让生活变得绚丽多姿。我们的生活是由许多丰富元素组成的，这些元素的组成让我们的生活不再单调。幽默就是其中调节气氛的一种元素，这一种元素可以让我们的心情更加愉快、舒畅。

在生活中，偶尔来点新玩意儿，耍耍新花招儿，说些俏皮的话，博得众人哈哈一笑，这些都称不上幽默。生活中真正懂得幽默的人，通常也是有智慧的。他不会拘泥于生活的种种常规之中，能以别样的眼光看待人和事，从新的角度来发现事理，能在恰当的情境下，根据需要脑子一转，运用幽默，并收到意想不到的效果。

一位教授在做讲座时，看到会场上传来的一张纸条上写了"王八蛋"三个字，愣了一下，随即微笑着说道："这位先生很粗心啊，居然只署了名，却忘了问问题？"

幽默每个人都需要拥有，虽然我们不能成为喜剧大师，但我们可以用幽默让我们的生活更加丰富多彩，大家对卓别林不是很陌生，他的喜剧电影让每个观众都捧腹大笑，他的滑稽动作，幽默的面部表情征服了许多观众。文艺界的演员都把他的幽默当成不可逾越的。

生活中的幽默是无处不在的，只要我们细心去观察，去寻找。它可以让我们的生活更加绚丽多姿，喜欢幽默的人，往往把幽默当成自己生活中的一部分，说的每一句话都蕴含了许多哲理，他们把这些哲理用诙谐幽默的语言表达出来，让他的听众在快乐的心情中，体会生活带给我们的哲理。也许这就是幽默所焕发出来的一种魅力吧！

共享欢乐的幽默

幽默就是可以让你在低沉的时候，焕发出它特有的魅力，让心情更加舒畅起来，这样我们的生活才会变得丰富多彩。

有一位幽默沟通专家，借用朋友的豪华别墅庭园办了一场Party，活动即将开始时，助理焦急自责地跑来跟他说："苹果不知道什么时候掉了一袋，剩下的可能不太够用，这里又离市区那么远，怎么办？"

专家没斥责她，仅轻声地问："有没有哪一种准备多一点的？"助理说："小点心准备得很多，应该还会有富余。"专家于是拍了拍助理的肩膀安慰她说："没关系，有我呢！"

宴会开始了，大家都看到前头的苹果盘前放了一个小牌子，上面写着："上帝正在看着你，请别拿太多了！"大家不禁莞尔一笑，走到后头又看到放小点心的盘子前也立了一个牌子，上面写："不要客气，要多少拿多少，上帝正忙着注意前面的苹果呢！"来宾们都呵呵笑弯了腰，结果这场Party宾主都很尽兴。

只要稍微动动脑，人生无处不幽默，人生无处不欢笑。

人生就像一张白纸，我们可以很开朗地在这张白纸上画出美丽的色彩，也可以很阴郁地画出沉闷的黑色基调。只要敞开信念、乐观积极，就能画出缤纷多彩的人生。相反的，如果自困于黑色框框里，就会限制自我的快乐成长。

我们应该要做生命的主人，要积极求新求变突破黑框框，学会运用幽默，这样，人生才会转化为多彩多姿的"彩色人生"。

法国哲学家伏尔泰有一个很忠实的小仆人，可他有点懒惰。一天，伏尔泰对他说："儒塞夫，去把我的鞋拿来。"仆人赶忙殷勤地把鞋拿来了。伏尔泰一看惊呆了：鞋上仍然布满着昨天出门时沾的泥迹尘埃！他问道："你早晨怎么忘记把它擦擦？""用不着，先生。"儒塞夫平静地回复，"路上尽是泥泞污浊，两小时以后，您的鞋不又要和现在一样脏吗？"伏尔泰微笑着走出门。仆人在他身后跑步追了上来："先生慢走！钥匙呢？"……"钥匙？""对，食橱上的钥匙。我还要吃午饭呢。""我的朋友，吃什么午饭呢，两小时以后你又将和现在一样饿嘛！"

仆人对主人服务不周，当然会引起主人的不快，主人往往会训斥仆人。然而，伏尔泰却以微笑和幽默对待此事，将不愉快之事变得轻松，而且使仆人在笑声中得到教育。伏尔泰真可称得上是幽默家。

将事情化小，确实是日常生活中运用幽默力量的好方法。面对生活中可能引起麻烦的事情，我们借助于幽默，共同欢笑一场，就能把这麻烦放到适当的位置而不至于过分忧虑和不悦。以轻松的态度对待麻烦，共享欢乐。

约翰·洛克菲勒是世界有名的富翁，但是，他在日常开支方面却很节约。一天，他到纽约一家旅店投宿，要求租一间最廉价的房间。旅店的经理说："你为什么选择这么廉价的小房间呢？你的儿子来住宿时总是选择最贵的房间。""没错，"洛克菲勒说，"我儿子的父亲是百万富翁，我的父亲却不是。"

洛克菲勒就是这样以幽默来对待生活中的事。在生活中，如果人们能常以幽默来对待各种事情，如在寒冷、炎热、潮湿的令人难熬的日子里，说上几句逗人开怀的笑话，肯定能振作大家的精神。

生活是绚丽多姿的，只要我们的想象力和创造力不被一些框框所束缚，就能借幽默的力量，给生活注入欢笑的调味剂。

化解尴尬的幽默

人生有时难免会遭遇难堪的情况，此时，不必灰心、也不用失望，用幽默就可以轻松化解。要知道，有时候，一句幽默的话，就能让难堪化为无形。

有一次，林肯与他的朋友白兰德边散步边交谈，不经意间走到了准备接受总统训话的士兵队伍前，士兵们马上欢呼起来。

白兰德并没有意识到自己应该退开，一位副官走上前来提醒他应该退后几步时，他的脸立即涨得通红。

林肯看出了对方的尴尬，他立刻微笑着说："白兰德先生，可能他们到现在，还分不清谁是总统呢！"

在多数情况下，难堪的场面令人神经紧张，在这种情形之下，发挥幽默，能让你更好地面对难堪，并使双方的交往如沐春风。

幽默家兼钢琴家波奇，有一次在美国密歇根州的福林特城演奏，发现全场座位坐不到五成。他当时很难堪。但是他走向舞台的脚灯，对听众说："福林特这个城市一定很有钱。我看到你们每个人都买了3个座位的票。"

当即这屋子里充满了观众的笑声。

真正的幽默是从内心中涌出来的，它能解除面临的压力，使我们振作精神，摆脱尴尬的局面，并成功地克服困扰我们的一些难题，解决困难，释放怨恨和痛苦。

某人在雪地上行走，不小心滑了一跤，他站起来走了两三步之后却再度摔倒，他不禁自言自语地说：

"早知道如此，当初我就不爬起来了！"

深具幽默感的人，能够在人前保持客观的言论态度。让他人看到自己的滑稽，同时也能在他人眼中看到另一个自我的存在。在与他人交往时，难免会发生一些意外情况，用幽默来面对这些挑战与考验，能反映出一个人应对紧急情况的能力，反映出他的内在素质。

面对尴尬，该去如何化解呢？幽默自嘲也是其中一个理想的选择！它就像一束阳光，能瞬间驱散尴尬的阴云，还你一片艳阳天。

美国阿波罗登月计划中的首次载人月球登陆行动，是阿姆斯特朗和奥德伦两个人共同完成的。阿姆斯特朗由于踏出了登上月球的第一步，成为明星，受到追捧。

返回地球的记者招待会上，有人问奥德伦："你会不会觉得很遗憾，由阿姆斯特朗先下去？"

场面突然变得很尴尬，连阿姆斯特朗的表情都很不自然。而奥德伦居然脸色没变，只是轻松地笑道："你们要知道，当我们回到地球，第一个爬出太空舱的可是我啊！"看看四周上百位记者，他又说："我可是由别的星球过来，而且踏上地球的第一个人啊！"

全场的记者听后连连称赞，同时报以雷鸣般的掌声。

生活常给我们出些难题，幽默既教给我们智慧，又教给我们怎样完善自己。当你遇到一些尴尬情况时，幽默可以巧妙地化解。

一位杂技演员参加一个社交沙龙，大家要求他表演踩蛋的功夫。

在表演时，他一不留神，踩碎了脚下的一个鸡蛋，他很尴尬地换了一个鸡蛋。大家发出了一阵嘘声。

这时，沙龙的主人忙打圆场："为了证明鸡蛋是真的，所以我们的朋友故意踩碎了一个。"

主人的话音未落，杂技演员又踩碎了一个鸡蛋。

大家的目光马上转向主人，只见主人无可奈何地叹了口气，说："看来，连母鸡都生产劣质鸡蛋了！"

发生突发事件，如果不能妥善处理，就会发生难堪的事。这时抓住时机，来点幽默，或许就能挽救局面。

遇到突发情况时，不能恰当解决，就会给自己带来不必要的麻烦。其实化解的方法很多，比如不失时机地幽默一下，就可创造欢快的气氛。

妙言批评的幽默

在生活中，如果我们用尖锐的批评对待他人时，就会带来不利的影响。但是，若用幽默代替批评，则可能创造融洽的沟通渠道。

无数的实践证明，风趣幽默的批评教育，在笑声之中容易被人接受，效果也就比较明显了。说起教育，人们容易联想到那一副副正儿八经、毫无笑容的面孔，一套套令人不着要领的抽象理论、昏昏欲睡的听众。其实，造成人们的这种理解和印象，完全是由于教育工作的方法失当造成的。教育，当然是一件严肃的事情，但这并不排斥应该让受教育者发出欢快的笑声。寓教于笑声之中，是教育的有效方法。

有一个"懒师拜懒徒"的幽默，是用来教育那些游手好闲的浪子的。

一个游手好闲的浪子，只恨自己懒得不到家，颇想找一个懒店进修一番。于是，他就到处打听哪里有懒店。

一天，他打听到确有一个学懒店，便欣然前往。到了懒店门口，他屁股充作脸，退着进门去。学懒店的师傅大喝一声："怎么不懂规矩，何事不把脸对着我！"浪子仍然背对师傅答道："尊师在上，容愚徒一表：来时背对师傅，辞别时可不转身也。"师傅一听，少顷如梦初醒。拒浪子于门外曰："我可尊你为师也。"

再举"重建阿房宫"一例，它是用来批评教育行政管理人员的水平和教育水平之低下的。

督学到一所中学巡视，与学生交谈间随口问道："你知道阿房宫是谁烧的吗？"

学生满脸惶恐，连声说："不是我烧的，不是我烧的！"

督学啼笑皆非，向校长指责："贵校的学生国文程度低落，居然说阿房宫不是他烧的。"

盛怒之下，督学写了一封呈文给教育局长，表明原委。不久，收到局长的复函说："烧了就算了，再拨经费重建阿房宫。"

批评，是教育工作中对各种不良现象进行斗争的武器。批评要想达到效果，就必须与人为善，就必然要讲究方式方法，讲究语言艺术。有时候，一句巧妙的幽默言辞的确能胜过许多句平淡乏味的说教。

那么，为什么幽默风趣的话语能起到教育作用呢，主要有两个方面。

首先，因为每个人都是有自尊心的，实践证明直截了当地批评某个人，绝不是好办法，它或者会引起对方的强烈反驳，找到一些理由来为自己辩护；或者会以沉默相对抗，口服心不服，并从此积怨于心。这样，批评的目的自然没有达到。所以心理学家们都异口同声地说："不要当众斥责人。"这是很有道理的。而采用幽默式的批评方式却给了对方脸面，不会使对方产生对抗情绪。另外，由于采取的是影射而不是直说的方式，让被批评者有一个思考回旋的余地，就更能深刻地领会批评者的良苦用心。

一位年轻画家就近找到一处住房，在搬家之前，他对他的好友说：

"我想把房间的墙壁很好地粉刷一下，然后在墙上画一些画。"

"你最好是先在墙壁上画画，然后再粉刷墙壁。"深知这位年轻画家水平的好友劝他说。

这位好友含蓄地表达了自己的意见，年轻的画家自然会体会、深思，该如何把自己的画画好。

其次，幽默能把原来两种互不相关的事物巧妙地、出人意料地联系在一起，使人们产生惊奇，产生笑。人们在联想中，会意识到说话人的真正目的，从而愉悦地接受说话人的意见。

避免争吵的幽默

生活中的磕磕绊绊在所难免，愚者剑拔弩张，将战火蔓延到生活各处；智者则坦然处之，一笑泯恩仇。

我们身处在紧张忙碌的现代社会，繁忙的劳作再加上各种利益的纠葛，使得人们彼此间的矛盾冲突增多，日常生活的摩擦更是不断。如何松弛紧张情绪，避免争吵，让自己摆脱处世的烦恼，确是急需考虑的。善于运用幽默力量的人对此则可轻松应对。

两辆汽车在窄巷中相遇了。车停了下来，两位司机谁也不准备给对方让道。对峙了一会儿，其中一个拿出一本厚厚的小说看了起来；另一个见了，探出头高声喊道："喂，伙计，看完后借我看看啊！"

这一句话逗得看书的司机哈哈大笑，主动倒车让路。另一个司机则在车开过了小巷之后主动与看书的司机交换了名片，并真的向他借书看。两人的家离得本就不远，后来两人就成了很好的朋友。

幽默的调侃将矛盾的热度降低到零点，双方增加了亲切感，因此一方主动倒车，另一方互相照应配合，消除矛盾困窘。与陌生朋友发生冲突也是难免的事，如果你能大度些、诙谐些，矛盾将变成友情。

有时，面对一触即发的争辩，不妨适时叫个"暂停"，使双方冷静一下，再运用你的幽默使得双方达到和解。

1895年夏天，美国著名作家马克·吐温与朋友比杰尔夫人就有无灵魂问题发生了激烈的争论。最后，谁也说服不了谁。比杰尔夫人讥讽说："我的朋友，如果过了一百万年以后，我们又在天堂相见了，你是否肯承认自己的不对呢？"马克·吐温见比杰尔夫人有点生气了，便没有再多说什么。

第二天，马克·吐温派人给比杰尔夫人送去了三块小石头，石头上刻着他新写的诗句，分别是："如果过了一百万年，事情证明你对，而我不对，那么，我将公开地、坦率地、勇敢地面对着你那可爱的、带着嘲笑的小脸，承认自己的错误"；"如果竟是我对，那我会感到遗憾，因为你我已无法对证"；"呵！有耐性的石头，你已经待过好几百万年了，就带着这封信再待上一百万年吧"。比杰尔夫人收到这三块石头后，被马克·吐温的幽默打动了，前日的不快一扫而空。于是，这个关于灵魂的辩论就此打住。比杰尔夫人和马克·吐温依然是一对挚友。

朋友之间难免有看法不一致的时候，马克·吐温的做法就十分值得我们借鉴，在化解朋友之间的争吵方面不失为一剂良药。

幽默的力量能给人以友爱与宽容，用幽默来使自身乐观、豁达，面对生活中的摩擦，我们不妨用幽默去应对和化解它。有时候，人与人之间难免会发生正面的碰撞和冲突。这样的冲突大致可分为两种：无意的冲突和蓄意的挑衅。对这两种不同的情况，我们应该进行有区别的对待。在大多数情况下，冲突是无意中引起的，这时我们就可以用与人为善的方式对冒犯者进行温和的批评。

一位刚刚学会骑自行车的小伙子，骑车时见前边有个过马路的人，连声喊道："别动！别动！"

那人站住了，但还是被他撞倒了。

小伙子扶起这个不幸的人，连连道歉。那人却幽默地说："原来你刚才叫着'别动，别动'是为了瞄准我呀！"

像上面这个例子中的情况，我们在日常生活中会经常碰到。过马路的人被骑车的人撞倒了，还有心思与骑车的人开个玩笑，这并不是回避、无视生活中出现的矛盾，而是以幽默的方式展示一种温和的批评，表现出的是一种很高的修养。借幽默的友爱之手，我们就能巧妙地化解掉生活中的各种矛盾。从心理根源上来说，化解矛盾的关键是养成那种与人为善的友爱的心态。

排忧解难的幽默

幽默，最重要的是帮助我们解除工作中的紧张状态，帮助解决生活中的难题。

职工、师生抱怨食堂伙食差，还有人骂了食堂负责人，可这位负责人风趣地说："耶稣用五个饼和两条鱼就能让众人吃饱，真不可思议，可我们这里每天已有30种菜,5 000斤米饭,1 500个包子,现在不知都哪里去了。"

当我们跟别人开玩笑,同别人一同笑的时候,幽默就在互相之间得到了交流。我们应当把轻松愉快、诚恳坦率、同甘共苦的态度送给他们。只要我们稍稍留意,就会发现我们的工作中存在着许多不易为人察觉的幽默故事。在工作中,有时我们需要肯定地坚持自己的观点,过分的忍耐对工作并没有好处,所以除知道息事宁人之外,在某种情况下适当地抱怨几句,对解决问题更有利,特别是你心中憋着一大堆话时,当然不要忘记采用幽默的方式。

著名导演希区柯克在执导一部影片时,有位女明星老是向他提出摄影角度问题,她左一次右一次地告诉希区柯克,一定要从她最好的一侧来拍摄。"很抱歉,我做不到!"希区柯克回答,"我们拍不到你最好的一侧,因为你把它放在椅子上了。"他的话,引得在场的人都笑弯了腰。

上级与下级之间的幽默交流应当有利于工作的进展,否则就是无聊的玩笑了。明智的人是会注意将幽默引向促进工作的轨道上的。这样的例子层出不穷:

"我们的销售量在图表中上升到了前所未有的高度,不过这图是倒过来看的。"销售科长说。

发挥幽默的力量去鼓励别人,帮助他们取得更大的成就,你可以把重大的责任托付于人,减轻你的负担,以便你更主动、更自由地发挥你的创新精神,在事业上有所建树。

某公司规定:上班迟到者,公司将对其予以解雇。这一天小李迟到了。当他打算悄悄溜进办公室,发现老总已经站在了门口。

小李灵机一动,笑着向老总说:"你好,老总,本人小李,今年26岁,大专学历,工作经验丰富,现在自愿申请我即将失去的这份工作!"

老总笑了,当即表达道:"你已经被录取了,请迅速进行你原来的工作。"

如果我们能用幽默的话语替自己说话,那么就会产生较好的效果,可以安稳地度过工作中遇到的危机。

第二章 | 左右逢源聊幽默

　　社会交际不能没有幽默。幽默是人际交往的法宝，幽默是人们交流的调味品，幽默是拉近感情距离的纽带，幽默是沟通心灵的桥梁。幽默可以化解矛盾，幽默可以捍卫尊严，幽默可以增进友谊，幽默可以展示性格。赞扬需要幽默，指责需要幽默，讽刺需要幽默，竞争需要幽默，幽默是立足社会的有力武器。

人我交融的幽默

与人交流的时候，多用一些幽默的语言，不仅可以消除人与人之间的距离感，还能达到人我交融的美好境界。许多政治家、教育家、艺术家、谈判家都知道，如果把幽默感的神奇力量注入潜意识之中，就可以使自己更容易亲近，更富有人情味。

幽默能够迅速消除人与人之间的陌生感，并为幽默者增添魅力。幽默也能拉近人与人之间的感情距离，因为一起笑的人表明他们之间已经有了共同的兴趣、爱好，这是社交成功的第一步，也是很重要的一步。

有一家坐落在四季宜人的风景名胜区内的旅社，叫作"泰远旅社"，一位保险行销人员前往这家旅社，向老板销售保险，当保险行销人员与那家旅馆老板在旅馆中进行磋商的时候，如同一般投保人的反应一样，那位老板对保险行销人员说："这件事情让我再考虑几天，因为我还需要和我的太太商量一下。"

保险行销人员在听完他的推托之词后，说："来到贵店'太远'，如是'太近'的话，多来几次也无妨。但是偏偏我却是身居在那遥远的台北……"原来这家旅馆名叫"泰远"，与"太远"同音。听了这番话之后，那位老板忍俊不禁，笑个不停，结果在那一天中就谈成了这笔生意。

幽默是一种积极的生活态度。偶尔幽默一回往往与乐观、愉快、希望等联系在一起。没有幽默感的人，就像没有弹簧的马车一样，路上的每一块或大或小的石头都会使其遭到颠簸。因此，获得别人好感的关键因素之一就是：把幽默注入别人的内心，消除彼此之间的距离感，让大家都成为你的朋友。

人与人之间的交往，贵在心灵上的沟通，所以才会有了"俞伯牙摔琴谢知音"的故事。而幽默就是让彼此产生心灵共鸣的好方法，由于幽默的语言富于风趣，给人以亲切友善之感，因而容易被人接受。

汪伦对李白十分仰慕，于是，他给李白写了一封信，邀李白前来游玩。信中这样写道："先生好游乎？此地有十里桃花。先生好饮乎？此地有万家酒店。"

李白接到信后，一看既有美酒，又有美景，甚是高兴，欣然前往。见面之后，李白问道："不知汪兄信中所说的十里桃花和万家酒家所在何处？"

汪伦答道："离此十里之外有个桃花潭，此乃'十里桃花'。在桃花潭西侧有户姓万的人家开的酒店，乃是'万家酒店'。"

李白被汪伦的幽默逗得大笑，觉得十分有趣，就在那里住了下来，待到数月之后，李白决定离去之时，两人已成知己。李白感念汪伦的盛情，写下了脍炙人口的《赠汪伦》一诗。

巧妙地运用幽默，可以使交流变得更加融洽，让心情更加放松，产生心灵上的共鸣。用幽默的方式和态度对待他人，能填平双方情感之间的鸿沟，让彼此走得更近，也更容易达成共识与默契。

一位教练在他的球队遭受惨败之后，并没有采取任何的责备方式，而是轻松地对大家说："现在好了，没有了冠军的头衔，也就没有了包袱，这样我们就能轻装上阵，全力以赴地去争取胜利了。"

这句话说到了大家心坎里，在接下来的比赛中，队员们斗志昂扬，最终取得了胜利。

这位教练无疑是睿智的，在遭受失败的情况下，队员们自己心里也不好受，用幽默的话语来表达理解和化解情绪，无疑要比任何责骂和教训都管用得多。它不仅起到了安慰的作用，也鼓舞了士气。

李白有诗云："人生贵相知，何用金与银。"同那些富有幽默感的人交谈，比任何山珍海味、陈年美酒都令人回味无穷，也比欣赏任何一曲动人的乐章和舞剧更让人感到愉悦。要想成为别人心灵上的知音，那么，请先学会幽默吧！

赢得欢迎的幽默

幽默是人际交往中的吸铁石，可以将周围的人吸引到你身边来。幽默也是转换器，可以将痛苦转化为欢乐，将烦闷转化为欢畅，每个人都喜欢与机智幽默的人做朋友，而不愿与忧郁沉闷、呆板木讷的人交往。

　　某大学植物系有一位植物学教授，开的课虽然是冷门课程，但只要是他的课，几乎堂堂爆满，甚至还有人宁愿站在走廊边旁听，原因并不是这位教授专业知识多广博，而是他以幽默风趣蜚声整个校园，使得学生们都喜欢上这位教授的课。

　　有一次，该教授带领一群学生深入山区做校外实习，沿途看到许多不知名的植物，学生好奇地一一发问，教授都详细地回答解说。一位女同学不禁停下了脚步，对着教授赞叹地说："老师，您的学问好渊博呀，什么植物都知道得那么清楚！"教授回头眨了眨眼，扮个鬼脸笑道："这就是我为什么故意走在你们前头的原因了，只要一看到不认识的植物，我就'先下脚为强'，赶紧踩死它，以免露馅！"学生们听了个个笑得前仰后合，可见，这次实习之旅是一次充满了笑声的愉快之旅。

　　当然，教授只是开个玩笑，幽默一下而已，这就是他广受学生欢迎的原因。

　　荣耀全美国的十大销售高手之一的甘道夫博士曾说："销售是2%的产品知识和98%的人性了解。"美国《EQ》一书的作者高曼博士说："成功来自80%的情商和20%的智商。"可见，了解人性、善于沟通、幽默才是成功的关键所在。

　　在人际交往中，冷漠的脸孔总是让人敬而远之，而微笑热情的面容总会让人有亲近的感觉。总板着"苦瓜脸"的人是不会被人欣赏和欢迎的，而拥有充满笑容的"阳光脸"的人会使人感觉与之成为朋友是一件让人愉快的事。

　　日本的一位人际沟通高手福田建先生，曾提出一个生活实验报告："笑容可以招来笑容。"意思是说，当我们以笑脸对着别人时，别人也会以笑容回报，所以有人认为，笑是一种可爱的"传染病"，被它感染了不但浑身舒服，还快乐无比呢！福田建还说："'笑脸迎人，不但是一剂人际关系的万能药，还是一剂最好的特效药。"我们常说"笑脸迎人，就是菩萨"也是这个道理。请记住常葆微笑、幽默对人，对人对己都是受益良多。

　　除了一张微笑的脸之外，受人欢迎还需要有一颗关心体贴别人的心。

　　曾经有一位病人牙疼去看牙医，牙医看了看说："这颗牙已经严重蛀坏了，无法做根治，需要整颗拔掉！"

　　病人问："请问拔一颗牙要多少钱？"

牙医回答说："600元。"

病人一听大吃一惊地说："什么？拔一颗牙只需短短几分钟就要收600元！"

牙医笑道："如果你要慢慢地拔也可以，我可以慢慢地帮你拔，拔到你满意为止。"

在适当的场合，幽默可以使你更容易让人亲近，上述牙医的幽默一方面消除了病人对昂贵药费的不满，另一方面缓解了病人的紧张心态。幽默可以使紧张的心情放松下来，从而使你更受别人的欢迎。

寒暄是人们日常交流中的一个重要方面，它会让你更受欢迎。因为经常见面的熟人，不可能总有很多话要谈，也没有多余的时间一见面就站在路边没完没了地聊；而一旦碰见了熟人，如果因为嫌麻烦而不打招呼也过于不近人情，更会给别人留下狂妄自大、目中无人的不好印象。

但是平常的寒暄可能显得太呆板，为增添生活乐趣，维护良好的人际关系，可以在寒暄的时候打破常规，注入幽默元素。

总之，不要小看幽默的寒暄，它能够使你在不知不觉中将欢笑带给别人，拉近自己与他人的心理距离，受到大家的欢迎。

建立沟通的幽默

朋友之间的话题是很宽广的，过去的趣事，将来的打算，工作上的得意与挫折，家庭中的欢乐与烦恼，上至宇宙之广，下至草芥之微，都可随意取作闲谈的资料。

朋友之间的交谈应该是轻松自然的，没有官场上的衙门气，没有生意场中的"铜臭味"，也没有外交谈判中的虚伪与小心谨慎。朋友之间多的是温暖和坦诚，谐趣和欢笑，即使是嘲讽的话，也洋溢着温馨。

书信也是承载友谊、联络感情的重要方式。同当面交谈一样，给朋友写信无须拘束和卖弄。幽默可使承载友情的信笺妙趣横生，使远在异地的友人仿佛看到了你亲切生动的面容，听到你那熟悉而风趣的声音。

大科学家爱因斯坦非常钦佩幽默大师查理卓别林。一次，他在给卓别林的信中写道："你的电影《摩登时代》，世界上每个人都能看懂，你一定会成为一个伟人。"

卓别林回信说："我更钦佩你，你的相对论世界上没有人懂，但你已经成为一个伟人了。"

想必爱因斯坦看到信时，一边是忍俊不禁，一边沉浸在两人之间美妙的友谊中。

一次，德国诗人海涅收到一位友人的来信，折开信封，里面是厚厚的一叠白纸，一张一张紧紧包着，他不耐烦地拆开一张又一张，直拆了十几张，总算看到最里面的一张很小的信纸，上面郑重其事地写着一句话："亲爱的海涅：最近我身体很好，胃口大开，请君勿念。你的朋友露易。"

过了几天，这个叫露易的朋友收到了海涅寄来的一个很大很沉的包裹。他不得不叫人帮忙才把包裹抬进屋里，打开一看，竟是一块大石头，上附一张卡片，上面写着：

"亲爱的露易：深知你身体很好，我心上的石头终于掉了下来。今天特地寄上，望留作纪念。"

这肯定会成为露易一生中最难忘的一封来信。他给海涅的信实在是虚张声势，小题大做，海涅的回信机智地以大石头比喻对朋友身体的担忧，以"石头落地"表示收信后的放心和轻松，绝对形象真切，只是看这样一封信也太耗费体力了。露易在感受到朋友的热情和友爱之外，还会悟到一点别的什么。

如果你对自己幽默的手法没有足够的自信，不妨学学孩子式的幽默。即使在50岁以后，我们也经常为孩子们由天真而产生的幽默所感动。他们是真正以坦诚待人，不会隐瞒任何事实。当他们毫不掩饰地道出心里想的或事实真相时，人们一下子就会喜欢上他们，跟他们在一起会感到比跟其他人在一起有无法言表的轻松、愉快。

有一次，李卡克在家里请几位朋友吃饭。朋友来了，他妻子要他的小女儿向客人说几句欢迎的话。她不愿意，说："我不知道要说些什么话。"这时一位来做客的朋友建议："你听到妈妈说什么，你就说什么好了。"他女儿点点头，说："老天！我为什么要花钱请客？我们的钱都流到哪儿去了？"李卡克的朋友们大笑起来，连他妻子也不好意思地笑了。

这就是孩子式的幽默。他女儿把母亲的想法以极纯真的方式说了出来，使大人们也不得不认真地检讨一下自己的想法，同时也减轻了我们对金钱的忧虑。李卡克从中得到了一些启示：孩子式的幽默能使我们显得格外真诚。

为了取得理想的效果，幽默时要特别注意以下两点：

一是，幽默必须真实而自然。

二是，敢笑自己的人，才有权利开别人的玩笑。

笑自己的观念、遭遇、缺点乃至失误。有时候还要笑笑自己的狼狈处境。

睿智工作的幽默

纪伯伦曾说过："大智慧是一种大涵养，有涵养的人才善于学习。我们从健谈的人身上学到了幽默。"幽默的谈吐，是社交场合必备的智慧，幽默风趣的人往往更受人欢迎。

萧伯纳在上海见到鲁迅，说："他们称你是中国的高尔基，但你比高尔基漂亮。"鲁迅回答说："我更老些，还会更漂亮。"两人会心一笑。

微笑是幽默的标志，而语言是传达幽默感的主要手段。幽默语言是一种机智巧妙而又含蓄从容的辞令，理解这种辞令和产生"共鸣"现象一样，也是需要双方相同的频率导致共振的，所谓"心有灵犀一点通"，这相同的频率便是一份默契，一点灵犀。幽默的沟通方式是人人都喜欢的，而且幽默的人往往都容易得到别人的好感。

幽默是一座沟通人心灵的桥梁。幽默者最有人情味，与幽默者相处，每个人都会感到快乐。

一次新同学交流会上，大家各自玩弄手机，气氛凝重，了无乐趣。一个男孩子站了起来说："我给大家讲个笑话吧。有一家酒吧的老板非常吝啬，他卖给客人的啤酒都只有半杯那么多。一次，他一边卖酒一边向顾客抱怨说最近生意不好，这星期只卖出了35桶啤酒。顾客说道：'我倒想出一个能使你每星期卖掉70桶啤酒的方法。'老板很惊讶，忙问：'什么方法？''这很简单，只要你将每个杯子里的啤酒装满就行了。'"同学们大笑，为故事中顾客的机智，也为这个男生的诙谐风趣。

这个男孩子后来被选为班长，或许和他善于幽默的能力有关。

莉莉和李清是多年的同事，两人隔桌而坐，情谊深厚。然而有一次，处理上级交代的事情时，两人有着不同的看法，在争执不下时，她们居然发生严重的口角，彼此冷战，互相不认同当时的意见。

过了几天，莉莉实在忍受不了如此的工作气氛，为了打破僵局，她故意翻箱倒柜，把办公桌的抽屉全部打开来翻找。

李清实在忍不住就问她："喂，你把所有抽屉打开，到底在找什么？"莉莉看看李清，故意嘟着嘴巴说："我在找你的嘴巴和声音啦！你一直不跟我讲话，我怎么跟你讲话！"两人扑哧一笑，重归于好。

有幽默感的人以睿智的眼光看待世事，并将有趣可笑之处巧妙地传达出来，使听者会心而笑。

当然，运用幽默时一定要切合实际，符合别人的心理要求，只有这样才能达到预期效果，一味追求搞笑的效果，为幽默而幽默，说不定会适得其反。

卡尔曾经担任过美国电话电报公司的最高行政领导。在他任职期间，有一次主持股东会议，会中人们对他提出了许多质问、批评和抱怨。会议气氛颇为紧张。其中有一个女人不断提出质疑，说公司在慈善事业方面的投资太少了。

她厉声问："去年一年中，公司在这方面花了多少钱？"

卡尔说出一个几百万元的数字。

"我想我快要晕倒了！"她说。

卡尔面不改色地解下自己的手表和领带，放在桌上，说："在你晕倒之前，请接受这笔投资。"

在场的大多数股东笑起来。

他的幽默表达了一个重要信息：即企业很重视对慈善事业方面的投资，他本人也确实关心。如果有必要的话他可以牺牲自己，但资金有限也是事实。

卡尔在一分钟之内就使人产生了信任和同情——而他仅采用了幽默的一个形式，戏剧性地表达自己的观点。那个女人也并不会晕倒。一句幽默的戏剧性语句和一个幽默的戏剧性行为，其效果远远超过了一份长篇大论的说教。

增添情趣的幽默

朋友是一个人在社交中最宝贵的财富，广泛的人际关系能让我们更快地获得成功的青睐。而学会巧妙地运用幽默的口才，可以为朋友间的交往增添情趣，让你在朋友中间更受欢迎。

有一个叫佛印的和尚和苏东坡交往颇深，经常和苏东坡一起出去游山玩水，吟诗作对，而且两人都幽默机智，经常互开玩笑。

这个佛印虽然做了和尚，但是仍然非常洒脱，还常与苏东坡一块喝酒吃肉，百无禁忌，完全不受佛门清规戒律的束缚。

有一次，佛印听说东坡要到寺里来，就赶紧叫人烧了一盘东坡爱吃的红烧酥骨鱼。鱼刚刚做好，苏东坡也正好到了门外。

佛印听到东坡的脚步声，眼睛一转，想跟他开个玩笑。正好旁边有一只铜磬，于是他顺手就把做好的鱼藏进了这个磬中。

而苏东坡在门外就闻到了鱼的香味，满以为又有鱼吃了。但是进来一看，饭桌上没有鱼，而香案上的铜磬却倒扣着，于是他一下就明白了，但却装作不知道。他一坐下来就开始唉声叹气，一副闷闷不乐的样子。

佛印不知是怎么回事，感到奇怪了。他知道苏东坡素来是个乐天派，笑口常开，今天怎么这么反常啊？不由得关切起来："大诗人，为何愁眉不展呀？"

苏东坡叹了口气回答说："唉！你有所不知，早上有人出了一个上联，要我对下联。整整想了一早，才对出四个字，所以心烦。"

佛印疑惑地问："不知上联怎么写？"

"向阳门第春常在。"

佛印听了觉得好笑，这副对联不是早已老掉牙了吗？谁人不晓啊，莫非他想存心耍我？想到这，佛印就想静观其变，先看看他葫芦里卖的什么药，于是他也装作若无其事地接着往下问："那么，对出哪四个字呀？"

"积——善——人——家。"东坡故意慢慢地一字一顿地念出来。

佛印不假思索地大声接着说："庆——有——余。"听到这里，苏东坡忍不住哈哈大笑起来："既然磬（庆）里有鱼（余），为什么不早拿出来尝尝呢？"直到这个时候，佛印才知道中计了。这个小插曲让两人相视一笑，开怀畅饮起来。

苏东坡运用谐音的方式，点出了佛印将鱼藏在磬里的小把戏，让气氛变得快乐、融洽的同时，也让佛印感觉到了这位大文学家信手拈来的智慧和与自己的感情之深。可见，知己好友间的玩笑、戏谑，不仅可以增添情趣，还能加深彼此间的默契，增加彼此的信任度，让友谊地久天长。

中秋节到了，吴越带着一份精美的礼物去拜访自己的老朋友张树，一进门，吴越便对张树说："根号2，请笑纳！"

张树一下子懵住了："根号2？什么意思？"

吴越笑着说："根号2的值不到1.5，就是一点意思（1.14的谐音）而已嘛！"

张树听罢，顿时哈哈大笑起来。

吴越的幽默，使得朋友之间的感情更加富有情趣并随之加深，使彼此都获得了心灵上的愉悦。

都说"君子之交淡如水"，但谁不希望能有几个颇具情趣的朋友，来平添自己的生活乐趣呢？但不要强求别人，如果身边的朋友都是不苟言笑的人，不妨从自己做起，主动把幽默的情趣带给他们，渐渐地，朋友们也会被你感染的。

轻松交谈的幽默

陌生人之间初次见面，要互通姓名，客套寒暄，气氛容易拘谨、僵硬。这时运用一下幽默，可使气氛活跃起来，交谈也就变得轻松随便了。

漫画家方成到山西省汾酒厂参观，厂方负责人迎上去说："欢迎欢迎，先生，久闻大名啊！"方成则笑着说："我是'大闻酒名'啊！"

方成将"久闻大名"几个字的顺序调换一下，并巧妙利用"久"与"酒"的谐音，说出这句幽默机智的妙语，令人叫绝。短短的一句话，既表示出自己的谦逊之意，解除了被恭维的尴尬，又得体地赞美了对方，拉近了两个陌生人之间的距离。

大都市里熙熙攘攘，人来人往，可每个人却都像生活在孤岛上。以至于有人感慨地说，城市生活就是几百万人在一起也会感到寂寞。

买车票、买东西经常有排队的时候，有时还排成长龙。排队会让人焦躁不安，但是如果与排队的其他人聊一聊，说些有趣的话题，你会感觉好一些。比如别人抱怨说："我的运气总是不好，没去排的那一队总是动得快些。"

你可以接上去说："速度快不一定是好事。否则的话，豹子早就统治这世界了。"周围的人们会发出会心的一笑，接下来的交流就会变得很自然。

人都生活在社会之中，人是不能"离群索居"的，为了顺利进行交流，适当使用幽默就显得非常必要。

任何人的社交都不可能是一帆风顺的。遇到在紧张的气氛里进行交际时，就需要用幽默的方法进行调节，使气氛变得轻松和谐。这时我们不仅要制造出笑声，更需要与别人一起笑，正确地对待别人的笑。

总之，在人际交往中，能够灵活机动，适时地运用幽默不仅能化解尴尬和紧张的气氛，还能为你赢得更加广泛的人际资源。

成功社交的幽默

有人说："博人好感者必善于幽默。"虽然这句话显得有点太夸张绝对，但是，幽默在人际交往中确实起着不可小觑的作用。

如果你想在交往中，很快得到别人的友谊，就要善于运用幽默的力量。不论在别人家做客，还是在自己家待客，希望身处幽默的气氛之中是我们每个人都需要的。当你走入室内，就要将你的幽默表现出来。一个面带怒容或神情抑郁的人，永远都不会比一个面带微笑、风趣幽默的人更受欢迎。

一天，吴兰去朋友邓瑛家赴宴，由于是初次到邓瑛家中做客，邓瑛的家人都显得有些紧张和拘束。

吴兰见状，幽默地说道："邓瑛邀请我来时，告诉我说：'你到了之后，只需用手肘按门铃即可。'我问她为什么非得用手肘按，她说：'你总不至于空手来吧？'"。

这句玩笑话顿时把邓瑛和她的家人逗得哈哈大笑。

幽默是缓和气氛的良剂，不论在任何时候，任何场合，幽默都能帮你打开与人沟通的大门。

幽默是一种能博得好感、赢得友谊的好方法，尤其是在遇到那些没必要争执或不值得争执的问题时，幽默更能收到很好的效果。

正面反抗或者回避问题，肯定会使自己的形象大打折扣，甚至引起怨恨，导致交流和沟通无法继续进行，而采用幽默的语言，不仅能挽回难堪的局面，还能博人好感。

在与人交往时，当你对某人或某事产生了意见，但又不方便直说时，也不妨神色自若地使用一下幽默，相信定能达到你想要的结果。

一次，威尼斯新执政官上任，举办了一场宴会，诗人但丁虽然与宴会主办方并不熟悉，但因为很有名望，也应邀出席。宴会上，侍者端给意大利各城邦使节的是一条条很大的煎鱼，而给但丁送上的却是几条小鱼。

但丁没有品尝佳肴，只是故意当着主人的面，把盘里的小鱼逐条拿起靠近耳朵，然后又一一放回盘中。宴会主人见此情况，就问但丁，为什么做这种莫名其妙的动作。

但丁站起身来，清了清嗓子，以在场所有人都能听到的音量回答：

"几年前，我的一位朋友，很不幸地在海上遇难。自那以后，我始终不知道他的遗体是否安然埋于海底。所以，我就问问这些小鱼，也许它们多少知道一些情况。"

宴会主人对此很感兴趣："那么，它们又对你说了些什么呢？"

但丁故弄玄虚地回答："小鱼们告诉我说，那时它们都很幼小，对过去的事情不太了解，不过，也许邻桌的大鱼们知道一些具体情况。它们建议我向大鱼们打听打听。"

宴会主人不由得笑了，转身责备侍者不应怠慢贵客，吩咐他们马上给诗人端上大煎鱼。

像但丁这样，在宴会中受到不公平待遇，又因为与主办人的不熟悉，沟通不畅，互相也不够了解，换了别人，很可能早已愤怒离席。但是但丁不仅没有拍案而起，反而将自己的不满幽默婉转地表达出来。这种幽默地指出对方过失，同时又为自己提出要求的委婉技巧，任何人听了都不可能无动于衷，必然是一边为对方机智的谈吐逗笑，一边又不无歉意地请求对方原谅自己的考虑不当。

这样，提意见的和被批评的不需要在言语上发生冲突，就其乐融融地达到了双赢的境界。而且相信宴会主人看了但丁的"幽默"表现，一定会忍俊不禁。与主人原本陌生的关系，就在这一刻被拉近了。

一个人不仅要善于幽默地调侃他人，也要能接受他人的幽默调侃，如此才能赢得友谊，成功建立社交关系。在社交的任何一个团体之中，不论你只是其中的普通一员，或是担任领导职位，善于运用幽默的力量，都能让自己获益匪浅，在社交活动中游刃有余，不断成功。

疏通关系的幽默

大概每个人都有这样的感受：我们总是希望能和幽默的人一起工作，也更愿意为具有幽默的人做事。女孩子喜欢选择天性幽默的男人做丈夫，学生渴望遇到诙谐幽默的人当老师，员工们希望上司头脑灵活并充满风趣，甚至在商场购物时，我们也希望能从售货员口中感受到幽默的魅力。

这一切足以说明，幽默是一种滋养心灵和谐共处的文明，它产生在人们的关爱与争取被爱的基础上，是人们改善自己和面对生活困境时所产生的一种需要。

在公共汽车上，由于售票员的声音有些小，导致一位乘客没有听清报站名，等到错过站了，乘客才恍然意识到。于是，便慌慌张张地擂门大叫："售票员下车！"

可是，车子已经启动了，眼看顾客一脸焦急，一场争吵迫在眉睫。

这时，有一位乘客及时插嘴说："售票员不能下车。售票员下车了，谁来售票呢？"

这位乘客巧妙地运用了语言的双关含义，让大家在一笑之中消减了剑拔弩张的气氛，变得和颜悦色起来。

同样，当我们要表达内心的不满时，如果使用幽默语言的话，也能让对方听起来更加舒服一些。

乔和他的恋人艾米丽到一家咖啡店小坐，可服务员端上来的咖啡却连半杯都不到。于是，乔将店主叫来，然后笑嘻嘻地对他说："我有一个办法，保证叫你的咖啡销量比现在提高三倍。"

店主忙问："是什么样的办法？"

乔说："你只需把咖啡的杯子加满。"

乔巧妙地运用幽默来表达失望感，却不致给对方带来难堪。也许乔不会因此喝到满满一杯咖啡，但他一定会得到友善、愉快的服务，并让同来的恋人刮目相看。

当然，这样的技巧可以用在生活的方方面面，差不多在任何情况下，以富有幽默感的评语来代替抱怨，都可以使你得到一定的回报。

一次，杰克到一家旅馆去投宿，旅馆职员说："对不起，我们的房间已经客满了。"

杰克问："那假如总统来了的话，你有房间给他吗？"职员答道："那是当然。"

杰克笑了笑说："好。现在总统没来，那么你是否可以把他的房间给我？"

结果，旅馆老板将自己的房间让给了杰克。

当我们需要把别人的态度从否定转变到肯定时，幽默力量具有说服效果，它几乎是一种有效的特殊处方。

而有的人却认为幽默只是一种轻浮，于是他们总是重复着死板的生活。不懂得幽默，也就从来不会实现精神上的超越。

当然，交际中的幽默一定要用在恰当的地方。如果把幽默当成攻击、讽刺、伤害他人的武器，那么只会让你的人际关系变得越来越糟。这样的你，就会成为别人眼中刻薄、可怕的人，而且会让人觉得十分讨厌。

所以，真正的幽默不仅是在严肃与趣味之间达到相宜的平衡，而且是要剥去虚假的"机智"，在爱与争取被爱的前提下去摆脱不健康的"情绪"，敢于直视自己的错误与不足，也善于用宽大的胸襟去对待别人的缺点，进而使我们的身心和周围的一切均衡成长，从而得到更加广阔的人际交往资源。

化解冲突的幽默

有时候，人与人之间难免会发生正面的碰撞和冲突。这样的冲突大致可分为两种：无意的冲突和蓄意的挑衅。对这两种不同的情况，我们应该进行有区别的对待。在大多数情况下，冲突是无意中引起的，这时我们就可以用与人为善的方式对冒犯者进行温和的批评。

借幽默的友爱之手，我们就能巧妙地化解掉生活中的各种矛盾。从心理根源上来说化解矛盾的关键是养成那种与人为善的友爱心态。很多的幽默故事都体现了人们对人与人之间友爱的呼唤，让我们看看下面这个幽默故事：

在电影院里，一名年轻男士在摸黑上过厕所后，来到了某座位外端的女士旁边，对她说："刚才我走出去的时候，是不是踩过你的脚？"

坐在最外端的女士很厌烦地回答道："那还用问吗？"

这样，那名年轻男士赶紧说："噢！那就是这排了！真对不起，我有严重的近视……请让我为您擦擦鞋吧……"

女士马上表示没什么，说自己擦就可以了。

从这个故事中我们可以看出，如果你冒犯了别人，对方在乎的可能不是你是否会赔偿他的损失，而是你的认错态度。所以，当错误在你时，你只要诚实地低下头，用幽默的方式向别人道歉，让对方感受到你表达歉意的一份诚心，相信大多数时候别人也会对你表示友善的谅解。

而且幽默地道歉也要注意时机，一般情况下，正在发脾气的人，由于火气上升，有时候会丧失理性。在这个时候，如果你保持安静，不去惹他，他就可以慢慢地恢复平静。当对方在谩骂不休之时，你千万不要抱薪救火，故意去逗他，只有这样他暴怒的火焰才会慢慢熄灭。

在各种不同的社交场合中，迅速摆脱自己所处的不利处境和产生的矛盾，活跃气氛，赢得尊重，都离不开幽默的独特作用。由于社交中突如其来的事情比较多，不曾预料的情况时有发生，因此要想使自己在社交中游刃有余，是必须要有过人的智慧和极其敏锐的反应能力来解决矛盾的。

借矛反戈的幽默

　　幽默，具有让人意想不到的功效，人与人之间的交往并非全都是友好的。有些人往往充满敌意，或者因为某些原因，使两人相处得很尴尬。这时候，幽默是解除这些窘境的最好方法。

　　运用幽默看上去像是防守，其实是更具有智慧的进攻，因为幽默不仅能以含蓄、婉转的方式达到最佳目的，而且在讽刺、攻击、挑衅时，让人感到尖利而不会起正面冲撞，让人觉得辛辣又不会拒之千里。

　　台奥多尔·冯达诺是19世纪德国著名作家。他在柏林当编辑时，收到一位青年作者寄来的几首没有标点的诗，随信说："我对标点向来是不在乎的，如用，请您自己填上。"冯达诺很快将稿件退回，并附信说："我对诗向来是不在乎的，下次请您只寄些标点来，诗由我填写好了。"

　　幽默贵在收敛攻击的锋芒，这是对一般情况而言，而在特殊情况下，就不尽然了。尤其是在极其卑劣的事和人面前，或者对外来的攻击忍无可忍之时，过分轻松的调笑，不但显得软弱无能，缺乏正义感，而且会导致对方更加嚣张地进攻。

　　幽默的攻击性在这里恰如其分，幽默感并未因攻击性之强而变得逊色，这主要是依靠表面不动声色、貌似温和，而实际上却绵里藏针。

　　海涅是德国19世纪诗人，也是犹太人，常常遭到无礼的攻击。在一次晚会上，一个旅行家对他说："我发现了一个岛，这个岛上居然没有犹太人和驴子！"

　　海涅白了他一眼，不动声色地说："看来，只有你我一起去那个岛上，才会弥补这个缺陷。"

　　用幽默去骂人，比直接骂人要含蓄得多，却更有力量。因为这些话是从对方的话中推理出来并回敬的。对方要反击，需要取消自己说过的话，但"说过的话，泼出去的水"，谁能有办法收回呢？

　　反戈一击不难，反击得如此巧妙却是很困难的；接过对方带有侮辱性的话语，好像是要向对方屈服似的，不料突然一个反转，对方已经被自己击中。这样的幽默由于突然的反转就带上了戏剧性。

针对不义之人，仅有反击是不够的。刺刀见红的反击比不上智慧的幽默带来的讽刺。

《世说新语·言语》中记载孔融10岁时随父亲到洛阳一个名人家去。他应对自如，主人及来宾均甚惊奇。

有一位姓陈的官员却说："小时候挺不错的，长大了不见得有多好。"

孔融说："看来你小时大概是挺不错的。"

在反戈一击时，要善于抓住对方的一句话、一个暗示、一个结论，然后把它反过来针对对方，把他本不想说的荒谬的话硬塞还给他，叫他推辞不得，却又无可奈何。

反戈一击的幽默适用性非常广泛，对方一旦露出丝毫的恶意，可以用顺势而攻、借题反转之法进行反击。

有一则阿凡提的故事就是这样：

国王在宴会上赐给每个人一套华丽的衣服，同时叫来了阿凡提，把一块披在毛驴身上的麻布披在阿凡提身上。阿凡提恭恭敬敬接过麻布，再三道谢。然后高声向客人说："贵宾们，国王赐给你们的衣服虽然华贵，可都是从集市上买来的，可是赐给我的，却是他自己的。"

阿凡提把侮辱奉还给国王，而且彬彬有礼。反戈一击的幽默，相当于等量回敬，但是也完全可以根据情况，使还击升级。

这种幽默的反击有一个特殊规律，即反击的性质不由自身决定，而由发动攻击的对方决定。如果对方发动攻击时所用的语言是侮辱性的，则反击也是侮辱性的；如果对方是带着几分讥讽的，则反击自然就会带上几分讥讽；如果对方发动攻击时是调笑性的，那么，用反戈一击的方法演绎出来的幽默语言同样也是调笑性的。

成功劝导的幽默

幽默的语言具有强烈的趣味性和吸引力，劝导他人时也更容易被他人接受。所以，在交往中多用一些幽默的语言，可以在平和的气氛中达到劝导他人的目的。在劝导中融入幽默，可以把平常不容易直接表明的话对他人说出来，让他人更乐于接受我们的意见。

有一年，乾隆皇帝到扬州微服私访，见一位美貌女子在桥下，便一直盯着她看。船已驶过小桥，他还不住地回头张望。

刘墉笑着对乾隆说："请问皇上，天地之间什么力量最大？"

乾隆说："当然是水了。因为水能载舟，亦能覆舟嘛。"

刘墉说："不对。"

乾隆反问道："那你倒说说看，是什么力量最大？"

刘墉说："是女人。"

乾隆说："为什么？"

刘墉神秘地说："因为女人能把龙颈扭弯。"

刘墉的回答巧妙地劝说了乾隆皇帝，希望乾隆皇帝能做一个不爱美人只爱江山的皇帝。

劝导，在我们工作、生活中随处可见。它犹如一盏明灯，使知识欠缺者增加见闻；它像一座警钟，使濒临深渊者迷途知返；它又好比一副清醒剂，使思想偏激者冷静思考；它更是一座友谊的桥梁，有助于双方的沟通和理解。

有位贪吃的太太，每天各种食品不离口，当然导致消化不良。她挪着肥胖的身体去求医，医生问明来由点了点头，她问："开点什么药最好？"医生除了开点助消化的药外，对她说："我把塞万提斯的一剂名药也送给您吧。"胖太太很高兴："太好了，是什么开胃药？"医生说："饥饿是最好的开胃药。"胖太太会意地笑了。

医生用幽默的方式间接地劝导胖太太，避免了涉及与"胖"有关的话题，取得了很好的劝导效果。要想劝导成功，除了手中有理之外，还要求方法要正确、巧妙，如巧用幽默，则更能深入人心。

南唐的时候，税收很繁重，商人很头痛。京师地区连年大旱，民不聊生。一次，烈祖在北苑大摆筵席，对群臣说："外地都落了雨，单单京城里不落雨，不知是什么缘故？"申渐高很幽默地说："雨不敢进城来，怕抽税呀！"烈祖不禁大笑起来，随即废除了苛捐杂税。

申渐高言语幽默，将税收过重的害处揭示得淋漓尽致。这对烈祖来说无疑是一副清醒剂，让烈祖在笑声中醒悟过来。幽默地劝导别人，要尽量顺着对方的意思说，使对方领悟到你的话，接受你的观点，劝导取得成功的可能性就更大。

劝导的魅力，在于如镇静剂一样让行为偏激的激动者冷静下来；在于如灯塔一样照亮迷航者前行的方向。在劝导中以幽默与诙谐作为佐料，可以让劝导更加有力，更加深入其心。

劝导，在我们生活与工作中时时可见。然而，成功的劝导却是一件需要高超技巧和智慧的事。在劝导别人时，可能会在不经意间就触动了他的自尊，从而火上浇油弄巧成拙。要想劝导成功，除了手中有理之外，还要求方法正确、巧妙，如巧用幽默，娓娓道来，则更能深入人心。

幽默可以不用直接说出自己的意思，就能让对方明白你的意图，并且可以避免直言而让对方产生厌烦的感觉。运用幽默的语言劝导他人，可以营造一个轻松的谈话气氛，使他人在愉悦中得到深刻的启示，从而达到成功说服他人的目的。

巧妙暗示的幽默

有很多时候，一些批评或指责的"真话"反而无从开口，那就不如幽默地暗示对方一下，既保全了双方的颜面，又能达到目的，堪称最佳方案！

罗西尼是19世纪意大利著名的作曲家。有一次，一个作曲家带了份七拼八凑的乐曲手稿去向他请教。演奏过程中，罗西尼不住地脱帽。作曲家问："是不是屋里太热了？"罗西尼回答说："不，我有见到熟人脱帽的习惯，在阁下的曲子里，我碰到那么多熟人，不得不连连脱帽。"

对于这位求教的作曲家七拼八凑的乐曲手稿，罗西尼显然非常不满，但他没有点破对方"抄袭""拼凑"，而是用富有幽默的"不住地脱帽"的动作和"碰到那么多熟人"的解释，暗示自己尖锐的批评意见，这种批评虽不如直说那般鲜明，但它生动形象，而且更耐人寻味。

法拉第是近代电磁学的奠基人。但法拉第的学说在问世的时候，理解电磁理论和广阔用途的人不多。于是，误解难免产生。

有一次，法拉第在做完一项电磁感应理论的演讲之后，一个上流社会的贵妇人，虽然明白其中的道理，但想挖苦法拉第，说："法拉第教授，你讲的这些东西有什么用处呢？"法拉第诙谐地回答说："夫人，你能预言刚生下的婴儿有什么用吗？"

要是法拉第正面回答问题，是很难得到承认和理解；要是正面去对抗，更容易招致怨恨，使沟通和交流中断；要是回避问题，那么他的理论永远也无法让别人信赖。但是，他以一种幽默的思考方式，去启示对方，让对方以发展、宽容的眼光对待眼前的现实，同时也增添了自己的勇气和信心。

有一则故事：

一个穷人，应邀到朋友家做客，可是这位朋友的招待实在太差劲了，仅仅给他喝了几滴米酒。临走时，他恳求主人在他的左右两边腮帮子各打一下："为的是让我老婆看见我两腮通红，以为我吃饱喝足了。"

萧伯纳是英国著名的文学家。他运用幽默的能力堪称一绝。

萧伯纳的脊椎骨一直受病痛折磨，在一次去医院检查的时候，医生对萧伯纳说："有一个办法，从你身上其他部位取下一块骨头来代替那块坏了的脊椎骨"，他还说："这手术很困难，我们从来没有做过。"医生这样说的潜在意思是：想多要点手术费。

萧伯纳当然明白他们的意图，但他并没有与医生争论，也没有向院方表示自己的不满，而是幽默地淡淡一笑说："好呀！不过请告诉我，你们打算付给我多少手术试验费？"

这样，医生顿时无话可说。

本来一个很棘手的问题，被萧伯纳处理得极其巧妙，从而避免了不愉快。可谓高明之至。

如果你有一些明知会造成彼此矛盾又不得不说的话，那就幽默地说出来吧，诙谐的暗示永远好过当面的指责，两者的结果往往是正好相反的，不信你可以尝试一下！

广交挚友的幽默

朋友关系大抵是最适于发挥幽默的一种关系，朋友交往中的交谈打趣是很自然、很平常的事。而幽默会使朋友之间的关系更为亲密融洽，相互交往变得更富于情趣。俗话说：朋友多了好办事；多个朋友多条路；在家靠父母，在外靠朋友……能够多交一些朋友，常常与朋友交谈、聊天，就会心胸开阔、信息灵通、心情愉悦，还能取长补短，互相安慰。大家都知道朋友的重要性，但是，在茫茫人海中，要找到志同道合的朋友就不是那么容易了。其实，知音难觅就难在交朋友的方式上了，而幽默交友不失为一种有效的交朋友的方法。陌生的朋友见面，如果幽默一点，气氛就会变得活跃，交流就会更顺畅。

著名画家张大千与京剧艺术家梅兰芳可谓是志同道合的知音，他们都非常敬重对方。在一次宴会中，张大千向梅兰芳敬酒，并出其不意地说：

"梅先生，您是君子，我是小人，我先敬您一杯！"

众人都是一愣，梅兰芳也不解其意，忙问："先生何出此言啊？"张大千朗声答道："您是君子——动口，我是小人——动手！"

张大千机智幽默，一语双关，引来满堂喝彩，梅兰芳更是乐不可支，把酒一饮而尽。

很多人都有广交朋友之心，但是总苦于没有有效实施的方法，如果我们都能像张大千一样，语言机智幽默，真诚待人。那么，总有一天会四海之内皆兄弟。

朋友间的幽默方式很多，往往更有默契，也更能开心。

法国作家小仲马的一个朋友剧本上演了，朋友邀请小仲马同去观看。小仲马坐在最前排，但总是回头数："一个，两个，三个……"

"你在干什么？"朋友问。

"我在替你数打瞌睡的人。"小仲马风趣地说。

后来，小仲马的《茶花女》公演了。这位朋友也被邀请观看。这次，轮到朋友回头找打瞌睡的人，好不容易找到一个，朋友说："今晚也有打瞌睡的人呀！"

小仲马看了看打瞌睡的人，说："你不认识这个人吗？他是上一次看你戏睡着的，至今还没醒呢！"

小仲马和朋友之间的幽默是建立在一种真诚的友谊基础上的，没有虚伪的客套，这样的幽默更能增进朋友间的友谊。可见，幽默在交朋友的过程中固然重要。但是，一切幽默要本着真诚的出发点，才能够让人感受到你的友好。

掌握了幽默的交友技巧，你再不会苦于没有知心朋友，陌生人将会成为你的新朋友，新朋友将会成为你的老朋友。

CHAPTER 3

第三章 | 感情升华巧幽默

　　幽默是爱情的催化剂。美好的爱情往往是可遇不可求的，我们要善于运用幽默抓住身边的每个机会，在一见钟情的时候，用幽默的语言表达出我们内心热烈的爱恋之感。赢得爱情需要一颗真诚的心，一种诚挚的情，更需要机智与幽默。将你的爱情交与幽默，它将交还你一份甜美的恋爱生活。

新奇求婚的幽默

无数幽默大师们的求婚经历证明：幽默的求爱、求婚方式更有魅力，更富有使人心动的浪漫情趣。

当恋爱到了一定的火候时，随之而来的就是求婚。在求婚的时候也不妨幽默一下，这样可以给爱情生活做一个愉快的总结，给婚姻生活来一个意味深长的开头，给幸福的生活留下永不磨灭的记忆。

美国科学家富兰克林，1774 年丧偶。后来在巴黎居住时，向他的邻居——一位迷人而有教养的遗孀艾尔维斯太太求婚，情书中求婚的方式极为幽默。富兰克林在情书中说他见到了自己的太太和艾尔维斯太太的亡夫在阴间结了婚，于是，他继续写道："我们来替自己报仇雪恨吧。"

这封情书被誉为文学的杰作，幽默的精品，富兰克林在这方面可谓为我们树立了一个良好的榜样。求婚的时候，不要直来直去地说"我爱你"，这是拙劣的表达方法。有时运用幽默委婉地表达，能增添更多情趣，制造更美好的回忆。

正是因为如此，人们才乐于用幽默这种含蓄的语言形式在恋爱生活中表达爱的情感，使双方在欢笑中体会到彼此的爱。幽默并不是明星、大师们的专利，普通人也可以运用幽默为自己的求婚增加一些创意。

一个年轻人写给女友这样一封信："亲爱的米拉，我爱你，而且希望你嫁给我！如果你同意，你就回答我。如果你不同意，就连这封信也不用拆开。"

这样一个风趣幽默的人，怎能不备受女性的青睐呢?

有些时候，在平淡的交往中突然加上激情的幽默，它所能产生的效果会出乎想象的好。

有一天，杰克和珍妮去公园约会，珍妮到了以后，发现他一直在低头玩自己的手机，好像在给谁发短信，一副非常投入的样子。当珍妮走近他的时候，他又非常慌张地把手机藏了起来。就在珍妮怀疑他是不是隐瞒了什么秘密的时候，突然珍妮的手机接连不断地响起来。原来是他们所有的朋友，都在同一时间给珍妮发来短信，内容都是："嫁给他吧。"

珍妮吃惊地望着杰克，惊讶得不知如何是好。杰克又从包里摸出一枚戒指递到珍妮面前，然后看着珍妮的眼睛，说出了那句最深情的话："嫁给我吧。"

能够获得所有朋友的祝福，不正是一对新人所期望得到的吗？爱的表达需要一些技巧，需要花费一番心思，而运用新奇幽默的方式向对方求婚则可收到良好的效果。

有一个姑娘问男友："你为什么总送人造花给我？我喜欢鲜花啊。"男友从容答道："亲爱的，这是因为鲜花总是在我等你的时候就枯萎了。""真的吗？你真的非常爱我吗？"姑娘不放心地追问。"我真的非常爱你。""那你能为我献出生命吗？"男友看着她的眼睛，认真地说："亲爱的，我想这可不行。因为如果我死了，还有谁能像我这样来爱你呢？"

无数事实证明，男女之间互相怀有好感，生出了感情的幼芽，是否使它健康地生长，直到开出花朵，结出果实，如何浇灌语言之水是其中一个重要的因素。

爱情中的缘分，出色的制造者是你的幽默。一个总能给情侣带来快乐的人，显然是具有吸引人的魅力。幽默是爱情之花的催化剂，也是婚姻幸福的保鲜剂。谁都会为浪漫的爱情幽默所感动，谁都会为风趣的家庭生活所陶醉。

提升魅力的幽默

什么样的人叫作有魅力的人呢？看一个人有没有层次和魅力，主要看他或她有没有"味"。男人有男人味，女人要有女人味。最美的女人是有女人味的女人——它形成女性特有的魅力。最有吸引力的男人是有男人味的男人——它形成男士特有的魅力。其实，不论作为管理者、员工、教师、公务员、演员还是学生，幽默都会使大家更有层次和魅力。比如电视主持人由于幽默风趣，魅力无穷，主持的节目收视率也大大提高，如央视的崔永元、高博、李咏等。

男士有阳刚之气，女士有柔情万种。因为不同的人体验不同，这个"味"可以有各种各样的答案，但也有共同的认识——是一种特有的、共有的魅力和气质。女人味或男人味是一种魅力、一种境界、一种精神、一种文化、一种发自内心的真挚的爱。如果升华就是一种品位和教养。这种品位和教养，应该包括幽默风趣在其中。幽默风趣，体现了一个现代男人和现代女人的风度和深度，女性的幽默风趣会使女性更具有女人味。国外的一次社会调查显示，在择偶的条件中，有76%的女性把幽默风趣作为心目中的男士的首选条件。爱和被爱都是要有能力的。这个能力，应该也包括了幽默风趣的内容。

对于一对恋人来说，双方的默契和幽默感具有一种特殊的作用：它使双方在片刻之中发现许多共同的美好的事物——从前的，现在的，将来的，从而使时间和空间暂时消失，只留下美好的欢乐的感觉。可以这么说，如果没有幽默和笑，那么爱有什么意义呢？

甚至，爱就是从幽默开始的，以幽默的方式表达。

硕士美女谢娜要结婚了，一向交游广阔的她，在身边众多男子中选择了李贵作为交换婚戒的对象。得知这个消息后，她的几个朋友大感诧异，因为李贵既不是最帅也不是最有钱的男友。为什么是他？

谢娜的嘴角向上扬起："简单，因为他最能让我笑！"

原来如此！他是以幽默感赢得了美人芳心，笑出婚姻，的确精彩。

那些在女人面前很"吃得开"的男人，不管长相如何，都有一套逗人发笑的本领。只要一与这种人接近，就可以立即感受到一股快乐的气息，使人喜欢与他为友。一个整天板着面孔、不苟言笑的"老古板"，是绝对不会受到女孩子们欢迎的。不少情感心理学研究者认为，男人由于平时比女人话少，所以，男人的语言的分量就更被女人所注意。不少男人也正是利用幽默的手段来填补自己语言的匮乏，所以，他的魅力便永驻于人们对他的幽默的回味之中。

有人说："恋爱中的人智商为零。"也有人哀叹："恋爱使人晕头转向。"这当然是人们对于恋人之间爱到深处的调侃。事实上，恋爱正是人们展现自身智慧的绝佳场所。从相互表白的方式，到弥补错误的技巧，以及应付恋人之间相互的小刁难，恋爱中的男男女女无时无刻不在展现着恋爱的智慧。幽默的话语，机智的应答，为恋爱生活平添了无穷的乐趣。

例如下面这位女孩子，在面对男方的甜言蜜语时就幽默地展现了她的机敏、可爱和风趣。

男："请你相信我，我真的很爱你。"

女："你让我怎么相信呢？"

男："宝贝，我那纯洁的爱情只献给你一个人。"

女："那么，你想把那些不纯洁的给谁？"

上面的女孩就是根据男方话语之中的漏洞突然地产生了幽默的灵感。恋爱生活中，这样的幽默有时候是在无意识中被运用的，往往是灵感突现的神来之语。

相互吸引的幽默

大多数情况下，幽默是被人们有意识地运用的，这种经过日常幽默素材的积累，到一定程度就会在特殊的时刻爆发，给恋爱生活带来无比的欢乐和情感。

爱情的表达，本无定式，直率与含蓄，各有各的价值。但由于恋爱时两人的羞怯心理和追求爱情成功与否的不确定性，为了使得话语具有弹性，不至于由此显得尴尬，表达爱意的语言还是以含蓄为宜。

正是由于这样，幽默作为一种含蓄的语言形式，就具有了迷人的诱惑。人们乐于以此表达爱的情感，使人在欢笑中体会到彼此的爱。

在一个小山村里，有位小伙子爱上了一位姑娘。

一天，小伙子以借东西为由来到了姑娘家中，姑娘正在家烤玉米和土豆，小伙子走到火炉旁，突然故作惊讶地说："你家的火炉跟我家的火炉长得一模一样。"

姑娘被逗笑了："你真逗，都是火炉，能有多大的区别呢？"说着从火炉里取出了烤好的玉米，请小伙子吃。

小伙子深深地用鼻子吸了一口气，赞叹道："好香啊！"姑娘说："吃吧！有好多呢！香就多吃点！"

小伙子问："那你觉得你用我家那个一样的炉子也能烤出同样香甜的

玉米吗？"

　　姑娘听出了小伙子的意思，面带红晕地答道："我想我可以去试试。"

　　运用幽默的话语博得恋人一笑，恋爱中的姑娘充满娇俏的馨香趣语更是动人。

　　幽默本身令人心醉神迷，使恋人间保持着深深的吸引，散发着机智的甜言蜜语，令你在恋人面前充满了难得的魅力。是的，爱和被爱都应该是一件愉快的事情，通过幽默风趣可以使爱和被爱真正愉快起来。

稀释醋意的幽默

　　借题发挥，往往能化解醋意。古代有一个关于"吃醋"的典故。

　　在唐太宗李世民执政时期，一次太宗要为宰相房玄龄赐一美妾，房玄龄的妻子坚决不同意。太宗大怒，赐她毒酒一杯，要她选择：要么同意房玄龄纳妾，要么喝毒酒而死。房玄龄的妻子毫不犹豫地接过毒酒一饮而尽，过了一会儿却没发现一点儿中毒的迹象。最后才弄明白，太宗赐的乃是陈醋。

　　从这个典故就可以看出，"吃醋"实际上是对自己所爱的人与其他异性"交往"的一种嫉妒以及由此引起的不满。下面这个幽默故事可以帮你理解上面所说的"交往"的范围界定。

　　一对恋人参加聚会，女孩子发现男朋友用美慕的眼光不停地偷看身边坐着的一位艳丽的女郎，便在他身边，悄悄说道：

　　"你和她说句话吧，不然别人会以为她是你的未婚妻呢！"

　　上面故事中的女孩运用的是一种钝化了的攻击，男人自然比较容易接受。女孩子一下就聪明幽默地把男朋友的失态唤回来了。巧用幽默，还能使醋意变得温和、恬淡而富有情趣。

　　一位刚刚荣升某大企业总经理的男人，在办完所有的交接手续后，就和他的女友开车去野外溜达，放松心情。

　　半路上到一个加油站加油。他说自己有些累了，想休息一会儿，就叫女友下去加油而自己留在车上。没想到女友和加油站的老板有说有笑，非常开心，而且临走时还互相握了一下手，这时他就心生醋意。

等到加完油，女友回到车上。"刚才你和那个站长真是有说有笑啊！"他不高兴地说。

"咦，他是我的高中同学，还有过一段感情！"女友回答说。

"你呀，如果当初嫁给他，现在就只是加油站长的女友，哪里会是总经理的女友呢！"他有点吃醋地说。

"你要搞清楚，如果我当初选择了他，现在当总经理的就不会是你，而是他了！"女友很认真地回答。

对于爱吃醋的一方，可以借用幽默避其锋芒，转弯抹角地将对方的醋意轻轻弹压一下，而又不刺伤对方，同时也可以消解对方的妒意，维护双方的爱情。

在我们周围，我们随时可以看到一些聪明的恋人是怎样以开玩笑的方式来表达爱情的。

一日，一女孩去男友那里玩，在男友抽屉里竟翻出一大沓美女相片，女孩马上就吃起醋来。

男友扔之不忍，留之不行，灵机一动，在每张相片背后写上一句："再美美不过我的女朋友。"

女孩方才眉开眼笑。

润滑恋爱的幽默

俗话说：天有不测风云。其实，爱情也是风云难测。那么，如果恋爱中出现了小摩擦，该怎么做呢？如果能够适当地加入幽默这种润滑剂，不仅能够避免双方的摩擦，还能增进双方感情。

有一位历史系硕士生，在热恋之际，仍手不释卷地用功读书。

女友不满地说道："但愿我也能变成一本书。"

硕士疑惑不解地问："为什么？"

"那样你就会没日没夜地把我捧在手上了。"女友说。

看到她满脸不快，硕士打趣地说："那可不行，要知道，我每看完一本书就要换新的……"

女友急了："那我就变成你书桌上的古汉语词典！"说完，她自己也不禁笑了。

恋人情侣间也难免会有磕磕碰碰的时候，此时达观一些，逗逗乐子，干戈便可化为玉帛，换得一份美好的心情。

恋爱中约会迟到是非常常见的事，约会本是男女双方增进了解的探索性阶段，也是恋爱季节里最富有魅力的活动，当对方约会迟到时，有的人暴跳如雷，有的人委屈落泪，而真正有智慧的人则会使用幽默的语言去点醒对方。

恋爱就像跳双人舞，再高超的舞者也难免有踩脚的时候。犯错误是恋爱中无法避免的事。那么，当恋人间的一方做错了事或误了事的时候，难免要做个解释，此时用简短的幽默可代替自己的一大段解释，也可以避免对方一大串的埋怨。

小敏与男朋友约会常常因故迟到半个小时。

第一次，她自我责备地说："我迟到，我有罪，我罪该万死！"

第二次，她转守为攻地说："一定是你的表拨快了半个小时！"

第三次，她还是有理由："我的表是北京金秋时间，比夏令时晚半小时！"

她每次都逗得男朋友又气又笑，不过，天底下有哪个女孩约会从来没有迟到过呢？于是男朋友也就一笑了之。

小敏靠着幽默解释了自己的过失，也获得了男朋友的原谅。但是，迟到终究不是一个好习惯，恋人能够容忍，是因为相爱的包容，所以还是要谨慎为之。

恋人间交往要善于使用幽默的谈吐，诚恳对人，热情大方，自尊自重，以自身良好的修养和人品赢得对方的尊重和爱。即使遇上磕磕绊绊的时候，幽默说话也可以"化干戈为玉帛"。

一个小伙子犯错惹得女友生气了，女友一连好几天都不理他。小伙子只好将一袋女友爱吃的红苹果和一罐红豆放到女友家门口，并留下字条，上面写道：

红豆生南国，春来发几枝。

愿君多采撷，此物最相思。

送你一苹果，愿解心头锁。

唯有一事求，请你原谅我。

红豆寄相思，苹果表歉意。

面对小伙子的诗句，女友必定将心里的不快化作莞尔一笑了吧。

如果你惹得恋人生气了，应该怎么办呢？下面来看看这位小伙子是怎么做的：

一对恋人吵架了。女友气得拂袖离去。小伙子一把抓住女友的手，把她带到附近的餐厅里，温柔地说："亲爱的，要走，吃了东西，你才有力气走；要吵，吃了东西，你才好跟我吵架啊。"看到男友这样来逗自己，女友也忍不住笑了。

小伙子的话，不仅用幽默博得女友一笑，还传达出了深深的关爱之意。小伙子及时的幽默使得双方的矛盾隔阂很快消除。

含蓄拒绝的幽默

在谈情说爱中，幽默总是有着神奇的推动力，它像助推火箭，推动爱情之星扶摇直上，它也像大功率的发动机，推动爱情之舟一路向前。同样，拒绝别人是一种表达艺术，而幽默地拒绝别人，既不会让人难堪，又能含蓄地表达自己想要叙述的意思。因为，爱本没有错，那么就不要因为要拒绝而伤害一颗有爱的心。

运用幽默含蓄的方法拒绝，通常情况下都很有效，有些人会采用幽默的语言来表白。这时候，被追求的一方如果想要拒绝对方的求爱，更应该幽默以对。这样既可以达到自己的目的，也不至于伤了求爱者的自尊。

一位年轻的厨师给他喜欢的姑娘写了一封情书。他这样写道："亲爱的，无论是择菜时，还是炒菜时，我都会想到你。你就像盐一样不可缺少。我看见鸡蛋就想起你的眼睛，看见西红柿就想起你柔软的脸颊，看见大葱就想起你的纤纤玉指，看见香菜就想起你苗条的身材。你犹如我的围裙，我始终离不开你。嫁给我吧，我会把你当作熊掌一样去珍视。"

不久，姑娘给他回了一封信，她是这样回复的："我也想起过你那像鹅掌的眉毛，像西红柿的眼睛，像大蒜头一样的鼻子，像土豆似的嘴巴，还想起过你那像冬瓜一样的身材。顺便说一下，我不打算要个像熊掌的丈夫，因为，我和你就像水和油一样不能彼此融合，你能明白我的意思吗？"

显然，这位厨师的幽默没有达到应有的效果，有这样的回敬看起来不利于男方，也从另一个侧面反映出双方自身在说话做事的处世方式上尚有不够成熟、不够得体之处。这样的人无法赢得别人的好感，即使对方对你的第一印象再好，以后也会大打折扣。更严重的是，一旦对方发现你并不善交际，不懂得人情世故，就会对你产生反感，所以回绝别人时一定要有分寸。

能够得到别人的爱是你的一种魅力，而能够巧妙地拒绝别人的爱也是你的一种魅力。你的拒绝如果能够加上你用心的一点幽默，也会让人在笑声中感受到你体贴入微的温暖。

人有爱的权利，自然也有不爱的权利。当有人向你表白，希望与你恋爱，而你的心里并不喜欢对方，当然是要拒绝掉了。但是，拒绝对方的言辞是需要委婉恰当的。倘若你的言辞过激，不仅会伤人自尊，还可能使对方因爱生恨；而倘若你的言辞过于隐晦，又容易让对方心存幻想，继续与你做无谓的纠缠。因此，恰当地把握拒绝的分寸是十分重要的。我们先来看看一位姑娘的表现：

有一个小伙子向一位姑娘表达爱慕之情。

姑娘问道："你真的爱我吗？"

小伙子："是的，我敢对天发誓……"

姑娘："那你用什么表示呢？"

小伙子："用这颗赤诚的心。"

姑娘委婉地说："对不起，你是唯'心'者，我可是唯'物'者啊！"

小伙子所讲的"赤诚的心"，同唯心主义和唯物主义的哲学名词原意是毫不相干的。姑娘在这里把它们反常地联系在一起，使人感到非常谐趣新奇之余，也将拒绝的意思表达得很清楚了。如同我们前面讲到的，有些人也会采用幽默的语言来求爱。在这个时候，被追求的一方如果要拒绝对方的求爱，更应该幽默以对，这样既能够达到自己拒绝的目的，也不至于伤了求爱者的自尊。

在现实生活中，你也许会遇到对方抱着谈情说爱想法的约会，为防患于未然，如果你不喜欢对方，最好尽早对此婉言谢绝，让对方明白你的心思，放弃对你的追求。

日本幽默家秋田实说过，幽默是爱情的催化剂，因为幽默的言谈最易激发爱的温柔。借助幽默，我们能让自己所爱的人感受到无比的幸福和快乐，酝酿出温暖美好的感情之花。

有网站曾经做过这样一个测试：

有一天，你的恋人约会迟到了三小时还没出现，这时你会做什么？

A. 写个便条，说一刀两断

B. 打电话，不停地找

C. 不见不散，继续等

D. 立刻就走

如果你就是被测试者，你会选择哪一种呢？

如果你选的是A——留个纸条，说从此一刀两断，表明你是一个以个人为主的现实派。你会认为她（他）非常不尊重你，自己是不能忍受的。

如果你选的是B——打电话不停地找，说明你是个比较理性的人。脑筋清醒，等了三小时恋人还不来，自己不会先下定论，而是心想爱人或许因为什么事情来不了了，是属于比较理性的人。这样的人对自己的爱情很有信心，而且情感稳定度极高，不会因为小事就和对方有摩擦。

如果你选的是C——不见不散，继续等，说明你是个信仰爱情的人。你不会怀疑自己的恋人，任何事都会往好的方面想。不过，稍微死板了一点，虽然不是对恋人的话言听计从，但是只要对方有所表示，自己绝对会信任，也因此很容易被对方欺骗。

如果你选的是D——立刻就走，说明你是一个情绪化的人。在爱情的过程中，你有很多地方是很不理智的。你的爱情观可能是属于比较主观和冲动型的，常常不考虑后果就付诸行动，而且脑中只有一种固定的思考模式，你的想法很容易被情绪带动。

其实，约会迟到的情况是很多的，如果你真的爱对方，你就不能意气用事。我们认为无论选择A还是D都是不可取的，那样只会使双方矛盾加剧，甚至导致感情的破裂。B和C的选择较为可取，可是对于经常约会迟到的恋人也不能一味纵容，那样也不利于双方感情的持久。我们建议的做法是：如果对方约会迟到，我们就用幽默的语言点醒对方。

有这样一个传说：一位美丽高傲的姑娘对向他求婚的青年说，必须在她的窗下等够100天，才能答应他的求婚，青年在姑娘的窗下整整等了99天，当姑娘正准备下楼时，青年却义无反顾地走了。当人们向他问起这件事情的时候，他说："99天代表我对姑娘的痴情，这最后一天离去代表我作为一个男人的尊严。"

增进感情的幽默

两个人走到一起，相爱并结为夫妻，只是万里长征刚刚走完了一小段。幸福的婚姻更加需要两个人精心呵护，每对夫妻都应当使幽默趣味在自己创造的形式里流动，让家庭的土壤开出趣味之花。我们来看下面这对夫妻的幽默：

下面是一个丈夫留给中午晚回家的妻子的话：

1. 买来一桶鲜橙汁，多喝多漂亮；
2. 菜篮子已空。

丈夫告诉她已经买好了鲜橙汁，要她记得喝，同时提醒她去买菜。下面是妻子怕晚上下班回来迟，特地留给丈夫的，她还故意写错了。

1. "鲜橙"已经放进肚子里；
2. 菜篮子我也"戴"走了。

妻子故意把"带"写成"戴"，这样一错，比丈夫的话更具幽默感，真是戏法人人会变，巧妙各有不同。

在家庭里，女人往往是表面上的统治者，她们在表面所作的文章，也只是用来满足她们的统治欲和虚荣心。这时候，丈夫一定要理解妻子，幽默地配合妻子，这也是对妻子的一种宠爱。不但普通的夫妻是这样，伟人也不例外。

一次宴会上，林肯和他的夫人面对面坐着。林肯的一只手在桌上来回移动，两个手指头向着他夫人的方向弯曲。

旁人对此十分好奇，就问林肯夫人："您丈夫为何这样若有所思地看着您？他弯曲的手指，来回移动又是什么意思呢？"

"那很明显，"林肯夫人答道，"离家前我俩发生了小小的争吵，现在他正在向我承认那是他的过错，那两个弯曲的手指表示他正跪着双膝向我道歉呢。"

人们常说，一个成功男人的背后一定有一个能干的女人。伟人之所以能取得很大的成就，很多时候都是因为有和睦的家庭作为坚实的后盾。做一对幽默的夫妻，家庭就能禁得起狂风暴雨的袭击。充满幽默气氛的家庭里，家庭成员之间一般不会出现关系紧张的情况。

一对夫妻结婚多年，从未发生过冲突。

有一天，妻子问丈夫："你为什么总对我这么好？"

丈夫答道："和你结婚之前，我请教过一位牧师，问为什么他对妻子那样好，他说：'不要批评你妻子的缺点或怪她做错事。要知道，就是因为她有缺点，有时会做错事，才没有找到更理想的丈夫。'我牢记住了这句话。"

很多时候，女人即使不能统治家庭，她也特别关注自己在丈夫心目中的地位，不时地用各种语言来进行"你爱我吗"的试探，面对这种试探，男人可以机智而幽默地进行回答。

妻子："我和你结婚，你猜有几个男人在失望呢？"

丈夫："大概只有我一个人罢？"

妻子本来的意思是对丈夫说：你娶到我是你的福气，有好多人都因为没有得到我而失望呢。丈夫却故意幽默地反对妻子的意思，让妻子在一笑中明白丈夫对她的爱。与年轻夫妻不同，老夫老妻之间的幽默更加老道，更加有韵味。有一则名为"分吃橘子"的幽默：

老张夫妇与老王夫妇一块儿吃饭。饭后，张太太剥了一个橘子，果肉有些干了，汁水少，便对老张说："这个橘子，干干的，你帮我吃一半！"张先生很不高兴地说："不好吃的才给我吃呀！"不一会儿，王太太也觉得橘子不太新鲜，如同在嚼一团棉花，便拿了一半给老王："这个橘子太干，我替你吃了一半，剩下一半你自己吃吧！"老张听后对张太太说："你看，人家王太太多体贴，哪像你？"

这个幽默十分准确地勾画出夫妻间在分吃不可口的食品时的心理状态，反映出夫妻间既亲密又戏谑的特殊感情。

试着做一对幽默夫妻，家庭里就会少一些不愉快，家庭生活将会变得富有乐趣。

传达爱意的幽默

男女的恋爱是一种艺术,情书的写作更是一种艺术。如果说情场如战场,情书便是爱情攻坚战中最忠诚的武器。

老舍先生在他33岁时就已是文坛著名的作家,但还未成婚。当时他的朋友们见他与胡絜青的性格和爱好比较接近,就有意撮合,轮流请他俩吃饭。

赴宴三次后,两人对朋友们的好心已经领会了。于是老舍给胡絜青发出了第一封信:"我们不能总靠吃人家饭的办法会面说话,你和我手中都有一支笔,为什么不能利用它——这完全是属于自己的小东西,把心里想说的话都写出来。"信写得诚恳坦率,胡絜青自然是同意了。他们相约,每天都给对方写一封信,如果哪天老舍没有收到胡絜青的信,他就像丢了魂似的坐立不安。

在求爱时期,情场上的胜利或失败,情书的写作水平至少要起一半以上的作用,因此,写情书说情话怎能不讲求技巧呢!

情书是用来表达内心的真挚情意的,所以必须写得深情款款,才能打动心弦、赢得芳心。情书也是一种极为强烈的"印象装饰",因它企图通过优美的文辞和修饰过的语句,来抒发情感并打动对方的心。幽默的求爱、求婚方式,似乎更有魅力,更富于使人心动的浪漫情趣。

恋爱时,写情书好比投石问路,试探对方对自己究竟有没有"那种意思",如果过于庄重严肃,一旦遭到回绝,势必一时在情感上承受不了,会陷人于痛苦之中。如果恰当地运用幽默的技巧,以豁达的气度对待恋爱问题,即使得不到爱,也不至于懊悔,同时也避免了自尊心受到创伤。

有一位男青年在给女友的信中说:"昨夜,我梦见自己向你求婚了,你怎么看呢?""这只能表明你睡眠时比醒着时更有人情味。"他的女友巧妙地回答。

善于在言辞上花一些工夫,以幽默风趣的谈吐,制造出一种活泼宽松的交际氛围,不知不觉中,你就会获得对方的青睐。可以这么说,如果爱情中没有幽默和笑,那么爱还有什么意义呢?甚至有人说,爱就从幽默开始。

第四章 │ 风云职场竞幽默

　　职场中离不开幽默。无论你是老板还是职员，无论你是老兵还是新手，无论你从事什么职业，如果你拥有了幽默，就会为你的工作增色，就会增加你的亲近感，就会帮你建立良好的人际关系，就会挖掘你的聪明才智，就会提高你的工作效率，就会有效地推动你公司产品的销售。幽默也是生产力。

推销自我的幽默

现代人都懂得推销自己，虽然能力的高低是重要的决定因素，但高明的推销方法则往往是成功的关键。有些人颇具才华，但却不能给人好的印象。而有些人在自我推销的过程中加入了幽默的成分，收到了事半功倍的效果。学会推销自己并非一句空洞的说教。推销自己的过程，其实就是一次全面展示自己幽默、才学、品行、智慧的过程。这是无法临时抱佛脚式地去应付的。

有些时候，在面试的过程中运用幽默的技巧，可以起到画龙点睛的作用。

一位刚毕业的大学生在应聘一个工作职位时，接受一项测试。其中有这样一道测试题——"cryogenics"是什么意思。他停下来苦思冥想。最后，这位大学生写下了他的答案："这个单词的意思是我最好到别处去找工作。"结果，他被录用了。

想在众多的竞争者中脱颖而出，富有创意的思想加上幽默的力量是必不可少的条件，恰到好处的幽默往往能够使应聘者得到认可。创造力加上幽默的力量，可以让我们更有弹性地去处理事情。我们可以运用富有创造力的方式来达到某种目的，用它来寻求答案，有时要凭幻想来发现，在大脑里设想："如果我这样做的话，会怎么样？"在美国，有不少求职者都是利用幽默机智取得成功的。

不论我们面对何种突如其来的面试，只要我们勇敢镇静，用机智幽默的答案来转移话题，并且妙语连珠，便可以获得成功。一句话，自我推销要大胆，自我选择要幽默。创造力加上幽默的力量，可以让我们更有弹性地去处理事情。

我们可以运用富有创造力的方式来达到某种目的，用它来寻求答案，有时要凭幻想来发现，在大脑里设想："如果我这样做的话，会怎么样？"在美国，有不少求职者都是利用幽默机智取得成功的。不论我们面对何种突如其来的面试，只要我们勇敢镇静，用机智幽默的答案来转移话题，并且妙语连珠，便可以获得成功。一句话，自我推销要大胆，自我选择要幽默。

职场相处的幽默

同事是自己工作上的伙伴，与同事相处得如何，直接关系到能否把工作做好。同事之间关系融洽，能使人们心情愉快，有利于工作的顺利进行；同事之间关系紧张，经常互相拆台，发生矛盾，就会影响正常的工作，阻碍事业的发展。

幽默的力量能帮助你在工作上与同事建立融洽的关系。与同事分享快乐，你就能成为一个被同事喜欢和信赖的人，他们会愿意帮助你实现工作目标。甚至当你和同事的志趣并不相同时，快乐和笑的分享也能令同事感受到心灵的默契。

过去人们常说仆人眼中无伟人，同样，相处日久后，同事眼里也无完人。你的同事身上往往有这样或那样的毛病，这很正常，就像在你自己身上也有这样或那样的毛病一样。在现代职场上，你不能对自己的同事有太高的期望，因为大家毕竟都是凡人。如果你在同事身上看到有阳光的一面，那在他身上必然会有阴暗的一面；相反，如果你不幸地看到了同事身上的阴暗面，那也并不代表他们没有阳光的一面。所以，你对人要宽容一些，要学会接受期待与现实之间的落差。

不过，还是有很多人只是看到同事身上的小缺点，而对同事的优点视而不见。下面这种抓住同事的缺点进行讽刺挖苦的做法就要不得。

某公司的销售部，有个叫金鹏的销售员，他年轻时候长过很多青春痘，满脸都是疤痕。

一天，一个职员贼兮兮地跟另一个职员说："嘿，看张图片，你猜是谁？"

众人挤过来一看，原来是一个橘子皮。

"你拿金鹏的照片干吗？"其中一个人喊。

大家爆笑，于是"橘子皮先生"就成了金鹏公开的绰号。

金鹏本人感到十分委屈，且恼火万分。

总经理实在看不过去，有一次更正道："我知道大家最近都说金鹏是'橘子皮'。但就算真像也不能这么说啊。太不照顾同事的情绪了。""我宣布，你们以后再说起他的长相时只可以说：金鹏，咳咳！他长得很提神。"

真正具有幽默感的人能看到同事的优点，使自己对同事的行为保持乐观积极的态度，而不是着眼于同事的错误和缺点。我们应该敞开胸怀，去了解、接受同事的小错误，增进彼此的工作关系。

某公司有一位爱喝酒的员工，经常会因喝酒太多而耽误工作。他的同事在写对他的评价时这样写道："他这个人很诚实，忠于职守，而且'经常是清醒'的。"

通常，这种难以看到同事优点的人在工作进展上不会十分顺利。在职场上做一个对同事宽宏大量的人，即使你同事的身上有这样或那样的缺点和毛病。毕竟这些缺点和毛病，并不会对公司的利益和你个人的发展构成威胁。如果你善于体谅和宽容的话，那么，你就会看到同事身上的优点比缺点多得多，你也就能与同事更好地相处，你的工作就会轻松得多；然而，现实中同事之间总有许多矛盾发生，这多是一些人宽于律己、严以待人造成的。

宽容的好处还在于它会使别人喜欢接近你，从而使你在以后的竞争中得到更多的支持。公司是一个讲究团队合作精神的地方，你必须有全局意识。如果你遇事不够宽容，那给人的感觉就是你是一个目光短浅和心胸狭窄的人。这种只看重眼前利益的人在现代职场上是不会有什么作为的。

协调工作的幽默

在攀登事业高峰的途中，会遇到很多机遇，也会遇到很多压力。这时，巧妙地运用幽默，可以帮助你在职场取得成功。

从前，有个长工给地主干活，每天都吃残羹剩饭。

一天，地主叫长工去买一条大鱼。长工把鱼拿到家后，将它切成了三段，然后把中间的一段净肉，煮着吃了。

当他把剩下的鱼头和鱼尾拿给地主时，地主愣住了。地主非常生气，他厉声道："这鱼怎么只剩下头和尾啦，中段的鱼肉呢？"

长工回答说："中间的一段有什么用？我早就把它割掉扔了！"

地主说："你怎么把鱼给扔了？"

长工回答："不扔难道还能留着？我都在你家干了两年的活啦，从来没有吃过鱼身子，我还以为只有鱼头鱼尾才能吃呢！"

地主无奈，以后只得给长工准备一些可口的饭菜。

幽默是获取成功的重要武器，也是成功人士必备的装备。只有每天都用心撰写幽默的脚本，才能创造良好的工作条件。

清代的纪晓岚以能言善辩、学识渊博受到乾隆皇帝的赏识和重用。有一次，乾隆皇帝很想开个玩笑，便问纪晓岚道："纪卿，'忠孝'二字做何解释？"

纪晓岚答道："君要臣死，臣不得不死，是为忠；父要子亡，子不得不亡，是为孝。"

乾隆立即说："那好，朕要你现在就去死。"

纪晓岚答道："臣领旨！"

纪晓岚磕头遵旨，然后匆匆跑到后堂。不一会儿，他全身湿淋淋地回到乾隆皇帝跟前。

乾隆惊讶地问道："纪卿怎么没有死？"

纪晓岚说："我遇到屈原了，他不让我死。"

乾隆问："此话怎说？"

纪晓岚说："我到了河边，正要往水深处走时，屈原从水里向我走来，他说：纪晓岚，你此举大错矣！想当年楚王昏庸，我才不得不死，可如今皇上如此圣明，你为什么要死呢？赶紧回去吧！"

乾隆听后放声大笑。

纪晓岚知道皇上并不是真心想让自己去死，只是碍于面子不好收回成命。他巧用幽默的语言，给乾隆设置了一个漂亮的台阶，成功地挽救了自己的性命。

活泼俏皮的幽默语言，让你在职场轻松拥有一份自信，能够帮助你创造融洽的同事关系，并创造和谐的职场氛围。娴熟地运用幽默与口才，你就会走向职场的成功。

一个在职场中左右逢源的人，必定是一个风趣诙谐的人。在职场中，不论你从事什么工作，无论你是老板还是下属，幽默都能为你的工作创造价值。美国石油大王洛克菲勒也是一个幽默风趣的人。

一天，一个职员对洛克菲勒说："经理，我们公司有一笔五千美元的债款到现在也没有讨回来，因为从前我们公司和借款者的交情不错，所以当时没有签署正式的借据。现在看来，想要控告他欠款也没有证据了，我该用什么办法才能讨回这笔借款？"

洛克菲勒回答道："这个嘛，很简单，你只要写一封信，催他还一万美元的借款就行了。"

职员说："可是，他只欠我们五千美元呀！"

洛克菲勒微笑着回答："当他回信向你辩解时，你就有证据了。"

在工作中有效地运用幽默，能够提高工作效率。因为幽默有助于灵感的发挥，让工作充满乐趣，并解决工作中的难题。

有个知县想要陷害一名衙役，限他三天内买一百个公鸡下的蛋，否则就要将他革职查办。

到了第三天，衙役也没有买到公鸡下的蛋，就在家中放声大哭。他的妻子问明情况，安慰他说："你不用着急，我去应付知县好了。"说罢，赶到县衙，用力击鼓。

知县升堂，问明是衙役的妻子，喝问道："你的夫君为何不来？"妻子说："大人，我的夫君正在家里坐月子！"

知县怒吼道："你在这里胡说什么！哪有男人坐月子的？"

妻子反问道："既然男人不能坐月子，那公鸡又怎么能下蛋呢？"知县无言以对，不再难为衙役。

职场中不乏不合理的现象，我们不妨采用幽默的方式面对，让我们工作得更快乐。

幽默感是工作中一项公认的"资产"，因为幽默感有利于促进人际沟通，建立良好的同事关系，而且幽默不仅能有效解决一些非常棘手的实际问题，还能把工作的价值发挥到最大。

助推攀升的幽默

不论你从事什么职业,幽默的言谈都能助你一嘴之力。拥有了这种能力,你就拥有了一部所向无敌的事业"推进器"。所以,在工作中要善于运用幽默,助工作蒸蒸日上。

在某大型航空公司的一次会议上,大家正在讨论要不要将新型喷气引擎装在逾龄的飞机上。有人赞成安装,有人反对安装,双方争论得非常激烈,时间已经过了两个小时,也没有一个结果。

最后一个工程师站了起来,他说:"我觉得,这些老飞机就像是我们的老祖母。为老飞机安装新引擎就好像替老祖母美容,虽然在金钱方面可能会很浪费,也可能不浪费……但是不管结果如何,花费的金钱多少,老祖母一定会觉得很开心。"事后这位工程师被提升为主管工程师。

来个幽默、开个玩笑,更能博得同事的好感,并帮助你树立良好的自我形象。而且,用幽默的言谈适当地表达自己的观点,能让你的工作业绩越来越好。

有一次,孙权宴请群臣。席间孙权跟诸葛恪开玩笑说:"我请诸葛恪吃马粪一堆。"

诸葛恪说:"我请陛下吃鸡蛋一个。"

孙权不解地问道:"为什么我请你吃马粪,你却请我吃鸡蛋呢?"

诸葛恪回答说:"因为这两件东西都是从屁股出来的呀!"

孙权听了大笑,后来,诸葛恪得到了孙权的重用。

诸葛恪在解答中运用了幽默的艺术,既照顾到了君主的面子,又捍卫了自己的尊严。

从风趣的言谈中,可以体现一个人的能力和智慧。将这种技巧运用到工作中,你将会取得更大的进步。

具有幽默感的人,都有一种出类拔萃的工作能力,他们能自信地运用这种力量,为自己的晋升增添有分量的砝码。适当地运用幽默,我们也能取得职场的成功。

有一个客户总是跟一个公司的经理纠缠不休，经理感到非常厌烦，只是出于礼貌没有把他赶走。恰巧，一个职员走了进来。经理急忙向他伸出双手，大声地问道："小董，我的手上长了什么东西？"

小董回答："经理，那是皮癣。"

经理说："这可怎么办才好呢？"

小董说："经理，你的皮癣不好治呀，我看，你还是别治了，而且我还听说它会传染，看来，治也治不好了。"

那位客户听了，头也不回地走了。

经理借助职员进来的机会，巧妙地"吓"走了"客户"。后来，经理将机智幽默的小董提升为办公室主任。

幽默的力量能够改变一个人的未来，因为你的同事会认可并支持你。这样，你才能在轻松的环境中顺利晋升。

当年琼斯在竞选心脏病基金会会长一职时，他的对手都是相关行业的专家，竞争非常激烈。

到了琼斯发表竞选演说时，他突然将写好的演讲稿放在一边，很严肃地对大家说："女士们，先生们，我事先已经准备好了演讲稿，但是在听过这么多业界精英的演讲之后，在他们以各自的学识和观点为各位详尽分析之后，我决定不用我自己的演讲稿，因为他们精彩的论证，已经为在座的各位提供所需的各种数据了。"

台下爆发出一阵阵热烈的掌声和笑声。琼斯的演讲得到了大家的认同。于是，美国政府成立的全国心脏病基金会的首任会长就是以幽默与口才打动大家的琼斯。

在职场中，人人都想成功，但并不是每一个人都能获得晋升的机会。在工作过程中，如果巧妙地运用幽默的语言，晋升的机会就会更多一些。

赢取赏识的幽默

勤奋工作的业绩是赢得荣誉的基础，而工作业绩的认可主要由上级领导决定，因此，能不能赢得上级领导的赏识、肯定和支持就决定着能不能获得荣誉。

对于许多职员来说，最大的苦恼莫过于工作努力，却得不到领导的赏识。美国人力资源管理学家科尔曼说过："职员能否得到提升，很大程度不在于是否努力，而在于老板对你的赏识程度。"那么，怎么才能脱颖而出呢？对上述问题很苦恼的人或是想要有一番作为的人，可以试试在领导面前化严肃为幽默的交流方法，或许有收获。

某公司开始实施销售业绩倍增计划时，主管召集下属严厉地训话：

"各位，现在是我们加油的时候了。从明天开始，早上七点半大家就要到这里集合。八点钟一响时，大家就要立刻向外去推销！"

大家都不满地抱怨时间太早。

这时有位凡事讲求效率和正确性的员工，不慌不忙地反问道："请问……是时钟开始敲八下时，还是敲完八下才往外跑？"

主管过于严格的要求可能会招致他人的不满，这时上面这位聪明的员工就使用幽默的语言把众人的注意力转移到自己的身上，使尴尬紧张的气氛重新轻松下来。员工的这个幽默既帮了主管的忙，又使主管看到他较强的时间观念，从而使他获得主管的赏识。

领导不论身居什么样的要职，也都是人，不是神，他一样会有普通人的喜怒好恶，也可能在个人喜怒好恶的支配下说出一些令人尴尬的话，做出一些有可能招致误解的举动。此时，下属应抓住人们对领导言行有些错愕不解的心理，适当采取举动，顺水推舟，把领导无意说出的过于直白、犀利的话朝幽默的方向引导，使人们认为领导在开玩笑，从而放松之前的紧张情绪。这就让领导觉得你是和他站在一边的，你自然也就获得了领导的赏识和信任。

想获得领导的赏识，幽默有一定的作用，不过要想从根本上解决问题，还需要你对自己的客观情况进行深入思考。如果你工作得很辛苦，但却没有效率、没有成绩，则得不到领导的赏识也是可以理解的。如果你的工作有成绩，同伴中谁都比不上你，还要考虑你的工作性质，是否属于那种经常加班、特别辛苦忙碌的工种，像文秘人员、勤杂人员等，该类人员在其他单位是否也如此。而如果以上情况都不是，那你就有必要另想办法，改变以往一些错误的做法。假如仍然不起作用，你就要考虑离开这家企业，去寻找能实现你个人价值的工作单位了。

忠言逆耳的幽默

在职场中，下属常常需要向上司表达自己对所从事工作的一些看法，也会提出一些对工作或业务发展的建议。有些下属在表达自己的看法或者建议的时候，常常因为在语言的表述上有失当之处，让上司对自己颇有微词，从而致使自己的一些看法或建议不容易被上司认可，更严重的话，还有可能使上司对自己产生一些偏见，使自己在单位中的处境变得不乐观起来。其实，下属对上司提意见是一件极需要技巧的事情。在各种向上司表达看法的方法之中，借助幽默的语言是一种比较可取的方法。

一位将军在早上去视察部队的时候，顺便询问了一下士兵们的早餐状况。大部分士兵都含糊其辞地对他说"还行""可以"，只有一位士兵很满足地说："半片蜜西瓜、一个鸡蛋、一碟腊肉、一碗麦片粥、两个夹肉卷饼、三块蛋糕，长官。"

将军听了之后，满是疑惑地问这位士兵："这都快赶上国王的早餐了！"这位士兵毕恭毕敬地对他说："长官，很遗憾，这是我在外面餐馆吃的。"

这次视察之后，将军马上下令改善了士兵的伙食待遇。

这是一位很善于迂回表达对军中伙食不满的士兵，他用有些幽默俏皮的语言既可以让长官一下子就明白了士兵想要的伙食标准，又可以让长官很容易接受自己的想法。一个小小的幽默就是这样的奇妙。

在工作中，不同职位的员工对本岗位工作都有自己的不同理解，上司不一定都正确。对一个称职的员工来说，有自己一贯对工作原则的坚持也是一件极其重要的事情。敢于指出上司工作中的不足是极需要勇气的，而能够比较幽默地"以其人之道，还治其人之身"，则可以让上司有一个足够深刻的教训，从而对自己的不足产生比较深刻的反思。

陈主管的办事作风非常让人受不了。一天，单位新聘任了一位员工，陈主管颐指气使地对这位新员工训话："你既然在我底下做事，就一定要懂得'服从'！服从，明白吗？就是让你向东，你就不能向西，让你做什么，你就得做什么。""是，是，是！"这位员工诚惶诚恐地答道。

没过两天，一位贵客来访。陈主管吩咐新员工倒茶，递烟。做完这两件事之后，新员工就站在了旁边。陈主管想为这位顾客点烟，发现桌上没有打火机，就气急败坏地对这位员工骂道："笨蛋！烟、打火机、烟灰缸这是环环相连的，这种相关联的事情不必另外吩咐！你聪明点好不好！"新员工连忙点头称是。

第二天，陈主管感冒了，就让新员工去请医生来瞧瞧。没想到，这位新员工出去了三四个小时才回来。

陈主管大怒，又骂道："笨蛋！怎么办这点小事就去了这么久？"

新员工故意大声地回答："主管，您要知道，这要花费不少时间呢，现在医生、律师、棺材店老板、殡仪馆老板都在外面等着呢！"

傲慢刁难的陈主管就这样被这位新来的员工用自己的方式好好地收拾了一回。当然，这只是一个逗人发笑的幽默故事，不过这对我们是一个启示，它告诉我们，当我们面对一些类似于陈主管这样的对人没有起码的尊重的上司的时候，所应该有的一种态度。作为员工，要敢于幽默地表达自己的看法，提出自己合理的建议。只有这样，在职场的我们，才会有更大的发展空间，从而让我们离成功更近一些。

俗语说："忠言逆耳。"太直接地劝说别人常常让人心生尴尬、不快，不仅可能达不到劝说的效果，还可能会伤及双方颜面。我们换种方式，或作比喻，或讲故事，让原本硬邦邦的直接劝说变得温和一些。这样的做法更容易让"忠言"顺耳。

幽默的进谏，不仅是一种高明的技巧，还能让对方感受到你的热情与温暖，从而更加容易地采纳你的意见，让"忠言"也"顺耳"了。

倾吐怨声的幽默

在职场中，难免会有许多不称心如意的事情。这时，人们难免会抱怨。那么，该怎么抱怨既不伤人也不影响自己的发展问题呢？不妨给抱怨换上幽默的新衣。

职场中的怨气有很多是来自上级，众所周知，爱抱怨的下属常常不受上司的欢迎。在上司眼里，下属怨声载道与其说是缺乏面对困难的勇气，更不如说是推诿，是无能，是缺乏执行力。对于习惯抱怨的人，他们往往会不屑一顾。

应对这种上下级关系，抱怨时又该掌握怎样的技巧呢？同样需要给抱怨裹上幽默的糖衣，让抱怨声柔和地钻进上司耳朵眼里，不着痕迹。

在拍摄现场，导演对演员厉声说道："下一组镜头应该是这样的，我们在你身后大约五十米处释放一只狮子，让它朝你奔来，最后只差两步的距离险些扑到你。"

"我的上帝，"演员呵呵一笑说，"您跟狮子也讲清楚了吗？"

面对充满危险的剧情，演员心生抱怨是再也正常不过的。但如果你直接表达你的抱怨，恐怕导演就不会乐于接受。所以，幽默地向导演问上一句反而会收到奇效，导演在大笑之余会体味到你这句话的深意，从而心情愉快地调整细节。

单位加班实在多得令人厌烦时，不妨与上司这样调侃："实际上，如果我再加班下去的话，我太太可真的要往外'发展'了！"如果你这么一说的话，绝不会有上司刻薄地回答："你就让她往外'发展'好了。"

但假如你一根筋地抱怨"我不想加班"，则必定会引起一场至少是心理上的战争。因此，我们不妨以婉转的口气迂回地避开主题，旁敲侧击，这种手段的高明之处就在于抓住了上司的心理，使他自然而然地产生一种同情心，从而有利于达到我们的目的。这种方法任何人都可以学会，也都有成功的机会。

圣诞节到了，公司照以往老规矩，要求各位员工列举自己"一年来近况"。

老邱的回答如下："这一年对我而言，进步的是失眠及智慧，退步的是记忆力，总体收支平衡；增加的是腰围及胆固醇，减少的是头发及幽默感。附注：如果你注意到今年我的字体比以前有所放大，那证明本人视力正在无可挽回地退化。"

这一创造性的回答引来了老板及全体同事善意的笑声和热烈的掌声。

当你有机会直接跟老板对话时，请随时谨记自己的身份，可以借幽默的方式提一些有利于公司的合理化建议，也可以适当地诉苦。不过可千万别把心里的牢骚一股脑儿地全倒出来。

由此看来，对上司有抱怨情绪是可以表达的，关键是要讲求方法。身在职场，我们不得不谨小慎微，开口抱怨前也要先打好"草稿"，开动大脑这台机器，避实就虚，用巧妙的语言技巧，幽默委婉地指出他人的错误。这样既保全了上司的面子，又达到了目的。

发泄情绪的幽默

在职场中，不难见到几个同事凑在一块儿，抱怨公司的规章制度，领导的魔鬼管理，抱怨同事之间关系不好相处，还有干不完的活，受不完的委屈。抱怨是一种情绪发泄，有不满情绪过于压抑不行，但发泄过度，没完没了抱怨也同样不好，非但解决不了任何实际问题，还容易让人陷入负面情绪里。但如果能给抱怨裹上幽默的糖衣，去掉抱怨本身那种难以下咽的味道，便会使抱怨听起来更具艺术效果，同时也更能解决实际问题。

同事间相处，因为利益关系少不了会有些摩擦，那么如何处理这些摩擦足以反映出一个人处世水平的高低，中国人常用这么一句话来排解争吵者之间的过激情绪：有话好好说。这是很有道理的。据心理学家分析，措辞过于激烈、武断是同事之间发生争吵的重要原因之一。因此，我们在对同事的某些做法不满时，要善于克制自己，以开玩笑的方式轻松、委婉地表达自己的意见，这样既能使同事认识到他们的错误，而又不至于伤害同事之间的感情。

在一次发薪水的时候，职员任俊竟然收到了一个空的薪水袋。他当时非常生气，心想，这帮财务怎么能出现这种失误？他脑子里顿时闪过几套解决方案：一是直接向总经理反映问题，让总经理治一治财务；二是直接到财务处兴师问罪；三是找到财务，对财务说："我没有说我这个月的工资请你们吃饭呀？怎么我的工资全被预支了？"四是对财务说："不好意思，这个月我的薪金袋饿得前胸贴后背了，给看看是怎么回事吧？"

任俊很快就否决了一、二套方案，因为工作失误是正常的，没必要对别人睚眦必报。第三套方案用语幽默，不会让人产生逆反心理，但是由于平素与财务打交道的机会少，相互间并不熟悉，说请吃饭的事儿多少有些突兀。他考虑再三还是选择了第四套方案，并且很快得到了补发的薪水。

有了这次交往，他也和财务处的人建立了良好的联系。

任俊这种谨慎运用幽默表达抱怨的方法是值得我们学习的，幽默说到底是一种语言艺术，必须要寻求最佳表达方法才能取得最佳效果。如果不合时宜地表达，则有可能弄巧成拙，还不如闭上嘴更为恰当。虽然宽容忍让可能会令你一时觉得委屈，但这不仅表现了你的修养，也能使对方在你的处事态度下平静下来，更加有利于问题的解决。

任何人都会出现失误和过错，别人无意间造成的过错应充分谅解，不必计较无关大局的小事情。当我们对于某些行为实在看不过去的时候，除了委婉地提意见，幽默式的解除抱怨也是必不可少的。

有位同事每天上午进办公室后都会睡上一个小时，为此耽误了不少工作。作为搭档，元元就要承受更大的工作压力。元元很想找个机会批评对方一顿，但是又怕引起不快。终于有一天，元元找到了妥当的方式，他对那位同事说："如果你少做点'白日梦'，凭借你的能力，一定可以当主管。"那位同事听了元元的批评后，不仅没有生气，反而为对方认同自己的能力感到兴奋，在上班时间也尽量克制自己不再睡觉了。

心理学家指出：工作中，同事之间容易发生争执，有时还会搞得不欢而散甚至使双方结下芥蒂。发生了冲突或争吵之后，如果处理不好，就会在心理、感情上蒙上一层阴影，为日后的相处带来障碍，最好的办法还是尽量避免它。所以当你对同事的意见存在异议时，首先要学会聆听、耐心、留神听听同事的意见，从中发现合理的部分并且及时给予赞扬或表示同意。这不仅能使同事产生积极的心态，也给自己带来思考的机会。如果双方个性修养、思想水平及文化修养都比较高的话，做到这些并非难事。随后，我们就可以委婉表达对同事的意见，运用幽默的力量避免与同事"交火"。

精益管理的幽默

有人说做职员容易，做管理者难。管得轻了效果也不佳，管得重了有反效果，看来要做一个好的管理者确实不太容易。在此，我们给管理者们提供一个对员工进行人性化管理的方法，那就是幽默的管理方法。

身处高位的企事业负责人，在人们的心目中往往有一种高不可及的印象，而有远见的高层人士往往希望运用幽默的力量来改变他们在公众之中的形象，改善大家对他所领导的公司的看法。而这种形象的树立，就是建立在高层领导人借助幽默对下属进行人性化管理的基础之上的。

有家公司为了教导主管们做人性化的管理，特别为主管们安排了有关"沟通"的教育训练课程。

上了一个星期课之后，有位主管在责备一个下属的迟到问题时，挖空心思。

他把这个属下找来，面带笑容地对他说：

"我知道你迟到绝对不是你的错，全怪闹钟不好。所以，我打算定制一个人性化的闹钟给你。"

这个主管对下属挤了挤眼睛，故作神秘地说："你想不想听听它是怎么人性化的？"

下属点点头。

"它先闹铃，你醒不过来，它就鸣笛，再不醒，它就敲锣，再不醒，就发出爆炸声，然后对你喷水。如果这些都叫不醒你，它就会自动打电话给我帮你请假。"

上级在对下属进行管理中，批评与责备有时是必须的，不可缺少的。然而，事实上，一贯的指责和批评很难使自己的下属俯首称臣，也难以取得好的管理效果。鉴于此，如果在管理中采用夹带着浓厚幽默语气的人性化批评，通过满面的笑容来进行管理，那就冲淡了批评与责备的意味，在说者无意、听者有心的情况下，保全了对方的自尊，也达到了管理的目的。

有一位叫 K 的年轻人，他所在公司的经理对下属非常严厉，公司员工都叫他"雷公"。

有一天 K 从外面回来，看到经理位子是空的，以为他不在，就对同事说："'雷公'不在吗？"

说完发现屏风另一边，经理正与客户谈生意。经理听到了他的话，K 坐立不安，以为大祸临头。客户走后，经理来到了 K 身边，K 惊恐地向经理道歉。没想到经理微笑道："我们的雷公并不一定夏天才会响的。"

K 听了这句话，比平常挨骂效果好上百倍。经理也通过幽默改变了自己在员工中的形象。

K的经理改变以前严厉的管理风格，尝试使用带有幽默感的人性化管理方法并取得了良好的效果。

作为领导，当你运用幽默力量去管理下属时，你会发现不仅更容易将责任托付给人，而且能使人更自由地发挥有创意的进取精神。幽默能改善你的将来——因为你的属下或同事会认同你，感谢你坦诚相待的品格，在分享笑声中轻松面对自己的任务局面。

美国前总统柯立芝有一位漂亮的女秘书，人虽长得不错，但工作中却常因粗心而出错。一天早晨，柯立芝看见秘书走进办公室，便对她说："今天你穿的这身衣服真漂亮，正适合你这样年轻漂亮的女孩。"

这几句话出自柯立芝口中，简直让秘书受宠若惊。柯立芝接着说："但也不要骄傲，我相信你的公文处理也能和你的外表一样漂亮的。"果然从那天起，女秘书在公文上很少出错了。

后来，一位朋友知道了这件事，就问柯立芝："这个方法很妙，你是怎么想出来的？"

柯立芝得意扬扬地说："这很简单，你看见过理发师给人刮胡子吗？要先给人涂肥皂水，为什么呀，就是为了刮起来使人不痛。"对下属进行人性化的管理，你将会受益无穷。

风趣职场的幽默

职场中的我们需要幽默。其实，让乐在工作，享受在办公室里拥有的一切并非难事。只要你学会运用得体的幽默，于人于己都是一缕玫瑰的芳香；但如果幽默不当，你的幽默将可能成为你职业生涯中的绊脚石。希望你能在日常生活一半以上的工作时间里，优游自在地展现幽默的品质。

在忙碌的工作之余，我们常常会和同事们互相开几句玩笑，幽默一下，以缓解压力。不过，在与同事之间幽默时，一定要谨慎，切不可开上司的玩笑，否则很可能就会有意想不到的麻烦。

中午休息期间，小江和小牛在公司的休息室里聊天。当他们说到为什么他们的顶头上司看起来这么老时。小牛神秘地说："难道你不知道吗？

咱们的领导是'上午跟着轮子转，中午围着桌子转，晚上围着裙子转'！你想想，他一天到晚这么多活动，能不显老吗？"

小牛这一句话逗得小江忍不住哈哈大笑，他们正笑的时候，上司从旁边经过。这让小牛恨不得把刚才自以为聪明幽默的话全吞到肚子里去。

小牛的这个幽默，有可能在今后很长一段时间里得到上司的"另眼相待"。选择幽默的对象是有一定规则的，并不是所有人都可以拿来被幽默，否则这个代价将是巨大的。

幽默可以制造笑声，幽默可以拉近友谊，但幽默不是用来调侃同事的工具，尤其是不能用来调侃有的同事生理上的一些不完美的地方。当你使用这种"幽默"调侃同事时，其实也就自己把自己给调侃了。

小倩是一个身高比较矮的女孩子。一天，有个单位的同事想和她开个玩笑，于是拿了一根竹竿到办公室。对小倩说："站起来一下。"小倩问："为什么？""没事。我就想看看你和竹竿哪个更高一点。"同事笑道。小倩听了理都没理他，扭身继续工作去了。

这位同事拿小倩的身高来调侃，不仅会使两人之间的友情受到损害，同时也会给同事们留下不好的印象。与同事关系的融洽与否，对我们在职场上的工作与发展是至关重要的。因此我们在幽默时，千万注意，否则你就将成为办公室里那个最不受欢迎的人。

那么，在办公室里就开不得玩笑了吗？当然不是。只要我们幽默时注意幽默的对象与方法，照样也能让办公室笑声不断。尤其是当我们在工作中与同事有磕磕绊绊的时候，若能用一个恰当的小幽默来巧妙地化解，不仅让同事之间的关系更加融洽，还能给同事留下良好的印象。

一次，肖铁带儿子来单位玩。这孩子特淘气，一转身，就把一个杯子给摔破了。肖铁大怒，抬手给孩子一巴掌。

这时，就见王姐"噌"地跳了起来，指着肖铁的鼻子大叫："你干嘛打孩子，你的手怎么这么大？"这一嗓子，同事们全蒙了，肖铁这个愣头儿青更是气得眼睛喷火。但王姐没急，又指着孩子，不依不饶地说："你这孩子原本可以当大学教授，就这一巴掌，把个好端端的大学教授打没了。"

周围同事哄堂大笑，肖铁也乐了："大学教授？他有这个脑袋，太阳就得打西边出来了！姐，你可真会说话。"

王女士不仅制止了别人打孩子，而且用幽默及时而巧妙地化解了同事之间由于打小孩引起的不快。这样幽默的人怎么会不受到同事们的欢迎呢！

小小的幽默，是你工作之余的调味品。但切记办公室里的幽默是有基本原则的，如果你能记住并熟练地运用这些原则，那么即便在复杂的办公室环境里，哪里有你，哪里也会有不断的笑声！

幽默可以让人放松心情，拉近彼此的距离。发生争执的时候，适时的笑话又可化干戈为玉帛。

规避禁忌的幽默

职场中的我们需要幽默。其实，让乐在工作，享受在办公室里拥有的一切并非难事。只要你学会运用得体的幽默，于人于己都是一缕玫瑰的芳香；但如果幽默不当，你的幽默将可能成为你职业生涯中的绊脚石。希望你能在占日常生活一半以上的工作时间里，优游自在地展现自己的幽默品质。

打开幽默的心扉面对"敌人"，你会发现：欢笑的功能会使你们坐下来把事情解决。无论你是身为领导者还是被领导者，在面对层层的工作压力时，都需要学会舒展紧绷的情绪，否则将会发现付出的代价是多么的巨大，真正的"生活"会被淹没在争执和对立中。

是的，在办公室里，适当地开一些玩笑，幽默一把，可以让繁忙的工作也变得其乐融融。但是，要想做办公室里受欢迎的人，要有所禁忌。否则，不仅升职无望，还和同事们闹得很僵。以下几个方面一定要注意：

1. 不要开上司的玩笑

上司永远是上司，不要期望在工作岗位上能和他成为朋友。即便你们以前是同学或是好朋友，也不要自恃过去的交情与上司开玩笑，特别是在有别人在场的情况下，更应格外注意。

2. 不要以同事的缺点或不足作为开玩笑的目标

金无足赤，人无完人。不要拿同事的缺点或不足开玩笑。你以为你很熟悉对方，随意取笑对方的缺点，但这些玩笑话却容易被对方觉得你是在冷嘲热讽，倘若对方又是个比较敏感的人，你会因一句无心的话而触怒他，以至毁了两个人之间的友谊，或使同事关系变得紧张。而你要切记，这种玩笑话一说出去，是无法收回的，也无法郑重地解释。到那个时候，再后悔就来不及了。

3. 不要和异性同事开过分的玩笑

有时候，在办公室开个玩笑可以调节紧张工作的气氛，异性之间玩笑亦能让人缩近距离。但切记异性之间开玩笑不可过分，尤其是不能在异性面前说低俗笑话，这会降低自己的人格，也会让异性认为你思想不健康。

4. 莫板着脸开玩笑

到了幽默的最高境界，往往是幽默大师自己不笑，却能把你逗得前仰后合。然而在生活中我们都不是幽默大师，很难做到这一点，那你就不要板着面孔和人家开玩笑，免得引起不必要的误会。

5. 不要总和同事开玩笑

开玩笑要掌握尺度，不要大大咧咧总是在开玩笑。这样时间久了，在同事面前就显得不够庄重，同事们就不会尊重你；在领导面前，你会显得不够成熟，不够踏实，领导也不能再信任你，不能对你委以重任。这样做实在是得不偿失。

6. 不要以为捉弄人也是开玩笑

捉弄别人是对别人的不尊重，会让人认为你是恶意的。而且事后也很难解释。它绝不在开玩笑的范畴之内，是不可以随意乱做乱说的。轻者会伤及你和同事之间的感情，重者会危及你的饭碗。记住"群居守口"这句话吧，不要祸从口出，否则你后悔也晚矣！

幽默的确可以解决很多问题，但在职场中，一定要注意规避以上禁忌，一旦在这方面疏忽大意，将幽默用错地方，那么，后果也将让你吃尽苦头。

和睦相处的幽默

在日常的工作中，幽默感是工作中一项公认的"资产"，因为幽默感有利于促进人际沟通，建立良好的同事关系，而且幽默不仅能有效解决一些非常棘手的实际问题，还能把工作的价值发挥到最大。所以，适当地来个幽默、开个玩笑，更能博得同事的好感，并帮助你树立良好的自我形象。而且，用幽默的言谈适当地表达自己的观点，能让你的工作业绩越来越好。

调查发现，白领人群的压力七成来自办公室。调查也发现，晋升快，薪水涨幅大，同事好评如潮的职场人八成善用幽默，所以你应该让自己在八小时以内做一颗开心的糖豆，保持轻松的心态，用幽默调节职场空气。

幽默的话语总能给同事们的闲聊锦上添花，让大家的交谈更其乐融融，而懂得幽默的同事也就理所当然地得到大家的喜欢。

有很多人常常觉得和同事们没什么共同话题，更有一些人觉得同事之间的关系因为伴随着一些利益的存在而变得非常微妙，而同事之间的对话也常常只是一些诸如"今天天气怎么样"的寒暄。其实，同事一场，大可不必如此拘谨，而且如果一直这样的话，我们的生活难免乏味，工作难免枯燥。我们不妨与同事们在一起的时候，添加一些幽默元素，增添一些闲聊的乐趣，让我们的日常工作生活也多彩起来。

最近连续下了五天的雨。公司的几个同事在一起闲聊天气。一个人说道："最近怎么一直下雨呢？"一位老实的同事规矩地回答道："是啊，都五天了。这样下去何时能结束呢？"一位喜欢加班的同事说："龙王爷竟然连日加班，看来想多捞点奖金！"一位关注市政的同事说："玉帝也太不称职了，天堂的房管所坏了，都不派神仙去修，老是漏水！"一位喜爱文学的同事接着说道："嘘，你们小声点，别打扰了玉皇大帝读长篇悲剧。"

像这样给日常闲聊加上一点幽默色彩，不但让几句简单的谈话显得更加生动，而且让参与的人在幽默风趣的气氛中舒缓了心情。

另外，在职场中，同事之间由于种种原因产生一些矛盾是很正常的。出现矛盾不要紧，重要的是在出现矛盾以后要尽快地以轻松幽默的方式将这些矛盾化解得无影无踪。否则，一些小小的矛盾也可能成为你职场前进中的干扰。

为了调节矛盾，每个人、每家公司都会有不同的解决办法。一家著名的日资大企业解决同事矛盾的方法就比较奇特，这家企业设置了一个"泄气工程系统"，而这个系统竟然较好地解决了许多员工在工作中遇到的问题，我们就来看一下这个系统中的一个组成部分。

一天，两个员工因为一点小事争吵起来。正当他们吵得不可开交的时候，他们的上司把他们带到哈哈镜室，让吵架的两个人看着镜中自己扭曲的狰狞面孔。

刚开始，他们还强忍着不笑，但站在哈哈镜面前有两三分钟的时候，他们竟都不自觉地哈哈大笑起来！大笑之后，这两人的心情都顿时舒畅了不少。

然后，上司就把两人带到了思想劝导室，对他们的矛盾做出详细的分析，让他们意识到各自的错误。很快，两人就握手言和，重归于好了。

这家日资企业利用了哈哈镜逗人发笑的目的，让郁闷的双方都心情愉快后，再来解决问题。这种利用外物达到幽默效果，以解决工作矛盾的方法，很值得我们借鉴。

宽容他人的幽默

在工作中与同事发生矛盾，如果这时以幽默调节，事情就很可能很快得以解决。如果你需要改善同事们对你的态度，也可以利用幽默的妙语来表明你的观点。

路斯在一个会计部门任职员。有一次发薪水的时候，他竟然收到了一个空的薪水袋。他没有气得暴跳如雷，也没有破口大骂。他只是以轻松愉快的口吻去问发薪部门的人："怎么回事？难道说我的薪水扣除，竟然达到了一整个月的水平了吗？"当然，路斯得到了补发的薪水。

路斯用一种宽容的态度对待同事偶犯的错误，并用自己的幽默与同事分享了自己的轻松心情。这样的同事当然会受人欢迎。

一位电影明星一次又一次地向著名导演希区柯克唠叨摄影机的角度问题，让他务必从她"最好的一边"来拍摄。"抱歉，做不到，"希区柯克说，"我们没法拍到你最好的一边，因为你正把它压在椅子上。"

面对这位明星的唠叨，希区柯克没有表现得不耐烦，而是非常有风度地用一个小幽默来调节一下同事之间的气氛。像希区柯克这样常常保持乐观的态度、同别人一起分享幽默的人，不但会受人欢迎，也一定是一个快乐的人。

一位男员工对即将结婚的女同事打趣地说："你真是舍近求远。公司里有我这样的人才，你竟然没发现！"他的女同事开心地笑了。

这位男员工一句玩笑话，不仅给办公室带来了一阵笑声，还赢得了同事的好感。

经常和同事开一些雅俗共赏的玩笑，不仅能使心情轻松，而且能更好地面对自己的工作。因为你会发现，你在办公室里获得了好人缘。

真正具有幽默感的人能看到同事的优点，使自己对同事的行为保持乐观积极的态度，而不是着眼于同事的错误和缺点。我们应该敞开胸怀，去了解、接受同事的小错误，增进彼此的工作关系。

在职场中，人人都想成功，但并不是每一个人都能获得晋升的机会。在工作过程中，如果巧妙地运用幽默的语言，晋升的机会就会更多一些。同事是自己工作上的伙伴，与同事相处得如何，直接关系到能否把工作做好。同事之间关系融洽，能使人们心情愉快，有利于工作的顺利进行；同事之间关系紧张，经常互相拆台，发生矛盾，就会影响正常的工作，阻碍事业的发展。

在职场上做一个对同事宽宏大量的人，即使你同事的身上有这样或那样的缺点和毛病，毕竟这些缺点和毛病，并不会对公司的利益和你个人的发展构成威胁。如果你善于体谅和宽容的话，那么，你就会看到同事身上的优点比缺点多得多，你也就能与同事更好地相处，你的工作就会轻松得多。

幽默的力量能帮助你在工作上与同事建立融洽的关系。与同事分享快乐，你就能成为一个被同事喜欢和信赖的人，他们会愿意帮助你实现工作目标。甚至当你和同事的志趣并不相同时，快乐和笑的分享也能令同事感受到心灵的默契。

促进管理的幽默

幽默作为一种艺术，在工作中有着重要的作用。尤其是对于领导、主管来说，如果富有幽默感，则很容易在自己的周围，聚集一批为他效力的员工。员工之所以愿意与幽默的主管共事，很多时候是因为主管的幽默，会帮助员工摆脱许多尴尬的情况，员工保住了面子，自然也会为有这样的主管而高兴，并为之勤奋工作。

幽默的领导有号召力，只要他一张嘴，就能把下属"哄"得高高兴兴地去拼命工作，既替公司省了薪水，又能出色地完成工作。幽默的领导一定会和下属打成一片，让下属有"大家是一体"的感觉，而不是事不关己地"站着指挥"。同时他也会创造足够的激励条件，给下属荣誉感。遇到这样的主管，下属就算做出让步也是情愿的。

当幽默的领导要求一个赶着赴男朋友约会的女孩留下来加班时，他不会威胁道："没了这么好的工作，你在男朋友眼里就什么都不是了！"而是故作谦虚地说："所以那份报告应该可以很快给我才对。"

幽默的领导比古板严肃的领导更易于与下属打成一片。有经验的领导都知道，要使身边的下属能够和自己齐心合作，就有必要通过幽默使自己的形象人性化。那么怎样才能使自己成为一个幽默的领导呢？

首先，拓宽自己的知识面。当领导要博览群书，知识积累得多了，与各种人在各种场合接触就会胸有成竹，从容自如。其次，提高观察力和想象力。领导要善于运用联想和比喻。作为一名企业的领导，要有意识地训练自己对事物的反应和应变能力。然后，增强社会交往能力。多参加社会交往，多接触形形色色的人，也能够使自己的幽默感增强。最后，培养高尚的情趣和乐观的信念。一个心胸狭窄，思想消极的人是不会有幽默感的，幽默属于那些心胸宽广，对生活充满热忱的人。

幽默的力量还可以融洽人际关系，化解公司的内部矛盾。运用幽默来美化自己在下属心中的形象，往往可以使领导者取得意想不到的效果。国际上一些著名的跨国公司，上至总裁下到一般部门经理，已经开始将幽默融入日常的管理活动当中，并把它作为一种崭新的培训手段。

而且据美国针对1160名领导者的调查显示：77%的人在员工会议上以讲笑话来打破僵局；52%的人认为幽默有助于其开展业务；50%的人认为企业应该考虑聘请一名"幽默顾问"来帮助员工放松；39%的人提倡在员工中"开怀大笑"。

除了在领导者个人身上，幽默对于整个公司的利益，还具有一种神奇力量：在一些西方国家，当遇到经济衰退的情况时，公司有时不得不利用裁员来解决问题，于是，就可以利用幽默来化解裁员过程中可能出现的各种风险。

美国欧文斯纤维公司曾在21世纪之初解雇了其40%的员工，但是，没有出现一例聚众闹事、阴谋破坏、威胁恫吓、企图自杀等可怕后果。原来；公司高层考虑到可能由此而引起的种种问题，该公司管理层聘请了专门的幽默顾问，利用两个月的时间对1600多名员工施行幽默计划，在公司内开展各种幽默活动。

幽默作为管理者的一种优秀的品质，恰如其分地运用就能激励员工，使之在欢快的氛围中开展业务。

谈笑风生的幽默

马克·吐温说："让我们努力生活，多给别人一点欢乐。这样我们死的时候，连殡仪馆的人都会感到惋惜。"

懂得欣赏别人，学会与人同笑，正是形成良好人际关系的一个重要途径。也许你是个身居要位的官员，所以你不愿同看门老人一同笑；也许你是个博学之士，因而不欣赏智力平平的普通人。这实际上是切断了你同这个世界的联系，你的官职、学位对人性的需要毫无用处。当你开始让人觉得冷酷无情，甚至厌恶的时候，你的管理对下属而言只能是勉强的服从，而没有半点主动意识在里面。在这样的状态之下，是不可能创造出较高的工作效率和业绩来的。

而那些懂得与员工一起笑的老板通常在工作上会十分顺利。他对别人的欣赏，会使别人了解他并和他有共同的志趣、共同的目标。

要学会与员工一起笑，首先要使自己变得大度起来。要承认每个人都有失误和不足之处，即使是自己也在所难免。所以，难免会有下属会犯一些错误或者聚在一起拿老板开玩笑。事实上"取笑老板"已成为员工中的一种传统，许多公司总裁、部门经理、团体领导人、节目主持人等身居要位的人，常常被当成幽默和抱怨的当然目标。所以，我们经常能听到这样的谈笑：

"我不得不佩服那些州长候选人，他们回避重大问题的技巧太高明了！"

"你没发现我们的总统最近有点反常吗？他处理问题的时候越来越谨慎了，大概想跟第十二任总统泰勒比比谁更伟大吧！"

几乎所有的美国总统都被人开过类似的玩笑，无论是他的个性、他的政策、他的成就，都被作为谈笑的目标。对于公司的领导人也是如此：

两个年轻人聚在一起谈论着各自的老板。

一个说："我们老板人很不错，他也为属下做过一些事情，这些事情多得可以用小指头的关节数出来。"

第二个说："我们老板很抠，但也很公平，因为他对每个人都那么抠。"

类似的抱怨多如牛毛，而大多数领导人物也能接受别人向他发泄的抱怨。有的不仅接受，还以幽默的方式作为回报。

某公司老板为了促使部属按时上班，仅为70名职工提供了50个停车位置。于是职工们争先恐后地提前上班，生怕去晚了车子没地方停放。结果大家把上班时间提得越来越早，最后有人受不了了，向老板抱怨说："看来您家里只有一张小床，夫人先睡上去之后，您就不知道该如何是好了！"

"这好办，"老板说，"我也睡上去，谅她也不会起诉我的。"

工作中，很多领导可能都会遭遇到这样那样的调侃，如果你为此而发怒，那就说明你是一个心胸狭窄、不能正视问题的人。但幽默却能使我们的心情得到改善，同时还可以打消对方的敌意。

一位想得到升迁的推销员去找老板："我干得一点也不赖，这是有目共睹的。我真担心你的眼睛得了急性近视症或慢性结膜炎。"

老板微笑着说："好吧！我会考虑你该到哪个部门去当负责人。不过在这之前10年里你得好好干。"

当你运用幽默力量去帮助别人更有成就时，你会发现不仅更容易将责任托付给他人，而且你的员工将能更自由地去发展他们的进取精神。为此，你的属下或同事会更加认同你，你的事业之路才会走得更加顺畅。

瓦解块垒的幽默

在工作中，总有一些难以对付的困难，犹如压在我们身上的"块垒"。比如对付难缠的客户，应付纠缠不清的同事，讨好斤斤计较的老板，等等。但工作是我们赖以生存和发展的手段，我们不可避免地要面对这些"块垒"，但同时这些"块垒"也考验了我们的工作能力。其实只要我们凭借我们的聪明才智，化繁为简，迎难而上，什么事情都可以幽默轻松地搞定。

不管是在人事变动时被派到分公司，或转任较低职位的工作，都无需气馁颓丧。因为世事变化无常，就算被分至分公司，也是培养实力的大好机会。

某公司的职员被外调至分公司服务。决定人事变动的经理以安慰的口吻对他说："喂！你也用不着太气馁，不久以后，我们还是会把你调回总公司来的！"

那位被调的职员以第三者旁观的口气，毫不在乎地说道："哪里？我才不会气馁呢！我只不过觉得像董事长退休时的心情而已。"

这才是一个能做精神上深呼吸的人，面对外调，他不气馁，他懂得靠幽默来调节自己，从而能够使自己以良好的心态投入到新的工作中去。面对工作中的困难，我们除了要调节好自己的心态外，还能通过运用幽默与人分享，寻找一个共同的目标方式，来帮助我们的工作。

不论你从事的是什么行业，不论你是个生手或熟手，老板或属下，幽默力量都能帮助你与他人建立沟通和交往，帮助你解决工作中的问题并顺利度过困难的处境。

工作中，面对自己的成就不能骄傲自夸，这会拉开你和别人的距离，使自己站在了所有人的对面，这时不妨运用幽默，调侃一下自己的光荣和优点。

1950年，当布劳先生被任命为美国钢铁公司董事长时，有人问他对这个新职位的感想。他不愿表示兴奋，也不准备庆祝一番。

"毕竟，"布劳先生说，"这不像匹兹堡海盗队赢了一场棒球。"

布劳先生的幽默以对，显示出他为人不骄傲不自夸，能以新的眼光看待自己的荣耀，强化了自我形象，也更能赢得别人的尊敬。

我们认为"谦虚是美德"，并不是说凡事都要谦让，不与人争。在靠着自己的才能取得工作成绩时，我们一方面要强调那只是"幸运"或"大家的帮忙"，另一方面也要用委婉的方式表明自己的努力也是取得成功的关键。

亨利在26岁时，担任了福特汽车公司的总裁，以前公司亏损严重，他上台后，大胆变革，扭亏为盈，虽然工作中也有许多小失误，但最终还是取得了很大成绩。

有人问他，如果从头做起的话，会是什么样子。他回答说："我看不会有什么非同寻常的作为，人都是在错误和失败中学到成功的，因此，我要从头来过的话，我只能犯一些不同的错误。"

亨利回避问话者的语言重点，故意避开自己的成绩不谈，反而拿自己在工作中的失误做谈论的话题，给人谦虚和平易近人的感觉。

总之，工作中，我们有成功的欢乐，也有失败的酸楚；有晋职的喜悦，也有加薪的愉快，但更多的是人际关系的不协调，上下左右的不相容。如果学会运用幽默，我们的工作肯定会一帆风顺，卓有成效。因为笑从口出，人们的思维也随着笑而更加敏捷，从而更能够帮助人们解决问题。多幽默一些吧，这样可以让我们的职场生涯更快乐、轻松，也可以帮助我们完成一些难以完成的工作，从而让我们把工作做得更加得心应手。

巧妙提醒的幽默

常言道：金无足赤，人无完人。上司也会有失误，但是员工还要顾及上司的面子与树立上司的权威，同时也不能看着上司的失误而不去更正。那这个时候该怎么做呢？美国人力资源管理学家科尔曼说过："职员能否得到提升，很大程度不在于是否努力，而在于老板对你的赏识程度。"所以说，如果能巧妙地向上司指出其错误，那么得到上司赏识进而升职加薪就不远了。

　　在现代职场中，很多职员工作都非常努力，却得不到升职和加薪的机会，有的人穷其一生，却未能真正实现自己的人生价值。究其原因，固然有个人才能的因素，但是其中不可否认的一点是没有得到领导的赏识。这也是现代职场中很多年轻人苦恼的根源。这时，不妨试试幽默，幽默是对调整上下级关系向着更为亲和的方向发展起着微妙作用的调剂。运用得当，可以消除彼此间职位等级上的隔膜，让关系更为亲近。大凡有心之人，都懂得运用这一技巧。

　　有一次，马克在华盛顿国家剧院演出，美国总统柯立芝也前来观看。

　　不料演出刚过一会儿，马克就看到柯立芝开始打盹了。马克停下歌唱，走到总统前面，说道："喂，总统先生。是不是到了您睡觉的时间了？"

　　总统睁开眼睛，四下里望望，意识到这话是冲着自己来的。他站起来，微笑着说："不。因为我知道我今天要来看您的演出，所以一夜没睡好，请继续唱下去。"

　　这则幽默对话，表现了演员的直言不讳和幽默，也表现了柯立芝总统所具有的幽默感。演员根本没有开罪总统，相反，倒成了总统的好朋友。由此可见：幽默使用得适时适度，往往能够拉近与上司的距离，赢得上司的理解和信任。

　　小演员马克和柯立芝总统之所以能够成为朋友，完全归功于"冒犯"式的幽默，是"冒犯"改变了以往幽默形成的同辈或者同事关系的性质，即便是在上下级之间进行的，也会将彼此的关系变得亲近。虽然看似"冒犯"，却是有名无实的，内容上已经抽掉了里面的侵犯性内容，带有了更多的调侃、自嘲、戏谑等幽默性成分。所以，与其说是"冒犯"，还不如说是"亲近"来得恰当。

　　在职场中，由于所处立场以及知识结构、教育背景、观察角度等的不同，上下级之间产生意见不合的情况在所难免。这个时候，作为下级隐忍求全未必可取，据理力争也不见得高明，最明智的办法是把自己的意见充分地表达出来。而怎么表达就是很重要的了，幽默地发表意见是一个上佳的策略。

　　领导也是人，也会犯错误，有失误，作为下属有必要提醒、指出领导的错误或者失误，帮助其改正。但是，就像直接指出一个人的错误会遭到白眼一样，作为下属直接指出领导的错误也是不太妥当的。所以，在指出上级错误或者失误的时候一定要注意方式方法。英国大文豪毛姆在其名著

《人性枷锁》一书中说过一句亘古名言："身居高位之人，即使请你批评指教，他所真正要的还是赞美。"因为，这是人性所在。领导手中握着你事业成功的金钥匙，这似乎并不为过。在提醒上级时以幽默与诙谐作为佐料，可以让提醒更加有力，更加深入其心。

可以说，提醒的魅力，在于如灯塔一样照亮迷航者前行的方向；在于如镇静剂一样让行为偏激的激动者冷静下来。

如果把才能比作船，那机遇就是帆。虽然没有帆船也能前进，但是有帆才能乘风破浪。而领导的认可和赏识就是你打开事业之门的最好机遇，所以，适当拉近与领导的距离是非常必要的，至少能够让领导多了解你。这时，你不妨用幽默在领导面前露一手。

俗话说：伴君如伴虎。在个人关系上还需要主动与上司保持合适的距离，距离太远了不好，距离太近了也可能会很糟。其实，让老板笑口常开不仅仅是找到工作之后的事情，有时，我们在苛刻挑剔的雇主面前一筹莫展。这时，何不借助幽默的魅力让面试你的老板笑一笑，这对你取得面试的成功必然会有所助益。

就像办公室都有一个通病：只要老板在现场，空气瞬间凝固，令人窒息。若要谈笑也只有老板自己敢谈笑。等到老板离开，空气顿时清爽多了，欢笑声四起，灵感时时迸发。这倒也不是下属个个偷奸耍滑，而是背后少了一双监视的眼睛，心情放松了。

在职场中，我们虽然不能简简单单地把收入直接等同于能力，但是收入毕竟是我们的工作能力或工作价值的一种反映，我们都渴望我们的工作成绩能够跟我们的收入成正比。当员工们的业绩和收入不一致的时候，员工们当然希望向上司表达出自己提升工资的愿望，但是这种提议就像一个雷区一样，需要员工们在合适的时刻、合适的地点，非常机智地向上司表达出来，才会更容易让上司接受，否则不但加薪不成，反而引起上司的怀疑，甚至会因此被上司逐渐疏远。

在工作中要善于运用幽默，以助工作蒸蒸日上。

具有幽默感的人，都有一种出类拔萃的工作能力，他们能自信地运用这种力量，为自己的晋升增添有分量的砝码。适当地运用幽默，我们也能取得职场的成功。

幽默的确可以拉近与上司的距离。不过生活中任何事情都不是绝对的，与上司距离的远近也同样如此，这种距离不可太远也不可太近。如果一个人不认真地做好工作，成天围着上司转，只知道说好话、空话，刻意拉近与上司的关系，或者整天坐在那里等上司安排工作，像个提线木偶一样，上司拽一下才动一动，无形中疏远了上司，都是不可取的，因此要把握幽默接近上司的技巧。

第五章 | 谈判交涉用幽默

　　幽默谈判与通常意义上的谈判不同，它既无逻辑严密的谈判过程，也没有明确的反驳模式，但它却能以趣味的方式，暗示事物的本质，达到明辨是非的目的，因此，它同样带有真实性，具有威慑力。幽默谈判有着强大的力量，通常能发挥一般意义上的证明与反驳所无法达到的作用。

化解疑虑式幽默

　　谈判中，当对方突然提出担心时，你应该给他一颗定心丸吃，用幽默的方式化解对方疑虑。谈判中，面对面之外的外围战相当重要。先外围后内里，先幕后再公开，在谈判桌外找到双方的共同点，可以为场内谈判造就良好的气氛。谈判中的外围战，是联络感情、沟通信息、影响对手的手段，是对正式谈判的一种补充。

　　要化解对方疑虑，首先要了解对方的困难以及造成对方疑虑的主要原因，做一个清楚的分析，做一个清楚的整理。然后才能针对对方的疑虑用轻松幽默的语言进行充分的交流。这样，双方的关系发展可能会相对较为稳定，歧见也较容易化解。我们来看看下面这个故事中的船长是怎样做的。

　　很久以前，有一条船在航行中，突然狂风吹来，海浪滔天，船马上就要翻了。

　　船长急忙命大副去通知乘客弃船逃命，结果大副去了半天，悻悻而回，说道："他们都不愿跳下去，对不起，我实在没有办法了。"

　　船长无奈，只好亲自到甲板上去，不一会儿，便微笑着回来了，他说："都跳下去了，我们也走吧！"

　　大副很惊异地看着他，问道："你是怎么劝说他们的呢？"

　　船长说："我首先对那个英国人说——作为绅士，应该做出表率——于是他跳下去了；接着，我又板着脸对那个德国人说——这是命令——于是他也跳下去了；我又对那个法国人说——那种样子是很浪漫而且潇洒的——他也跳下去了。"

　　大副一听，简直佩服得五体投地："太妙了，长官，那么你是怎么对美国人说的呢？"

　　船长说："我说——您是被保了险的，先生。那家伙赶紧夹着皮包跳下水去了！"

　　上面的故事中，船长针对不同的人，总结归纳出了他们各自的特点，每个人都明白船长所要表达的意思，对于大副没有完成的任务，船长很轻松地就解决了。

这告诉了我们一个道理：当我们想在谈判桌上说服他人时，除了要使自己的语言信号准确无误地传达给对方，分析对方的性格，因人而异采用有针对性的语言进行说服外，最重要的还是先造成良好的形势，使对方在没有其他选择的情况下不得不接受我们的提议，这样幽默的说服才会收到预期的效果。否则，就很可能因基本条件不充分而导致谈判失败。大智若愚，巧避锋芒。

谈判中也可以通过运用"装傻"的幽默技巧巧避对方锋芒。在谈判过程中，可以装作没有听到或没有听清楚对方的话，或者装作没懂，以便巧避锋芒，避免尴尬。它的特点是：谈判的锋芒主要不在于传递何种信息，而是通过装傻来打击、转移对方的谈判兴致使之无法继续设置窘迫局面，而化干戈为玉帛并能够寓反击于无形，不战而屈人之兵，这些在谈判中，往往被一些谈判高手使用。

尽管假装糊涂法有很多的妙处，但有时也很难在复杂的场合取胜，这就要求在这些场合对自己的"糊涂"来一个聪明的注脚。看下面这则小幽默：

保罗正在路上走着，忽然窜出一强盗，用手枪对着他说："要钱还是要命？"

"你最好还是要命吧！"保罗说道，"因为我比你更需要钱！"

这里，保罗的上半句回答显得很糊涂，遇上歹徒，恐怕谁也会保命的，其后一句才点出真意。

装傻实际上是大智若愚。谈判中，装傻可以使人自找台阶，化解尴尬局面；可以故作不知达成幽默，反唇相讥；可以假痴不癫迷惑对手。你必须有好演技，才能傻得可爱，恰到好处。我们可以通过发挥大智若愚的幽默力量争取谈判成功。

主动出击式幽默

在谈判中，要争取掌握主动权，要做到制人而不制于人。主动权一般总是掌握在实力最强的一方手里，而对于稳操胜券的主动方来说，"一步主动则步步主动"。所以我们认为，不仅同其他人合作要占主动，竞争中要占主动，就是在谈判中也同样要占主动。

在谈判中占据主动的方法很多，利用幽默的技巧对对方进行步步引导，可兵不血刃地在谈判中占据主动地位。下面就是一则在日常生活的谈判中占据主动的幽默故事。

父亲下了班回到家。正在大学读书的儿子以幽默的口吻问他："爸爸，你可知道人类学家说过，人本来不该是直立行走的？"父亲回答："这又怎么样？"他说："所以把汽车钥匙借给我吧！"

儿子先发制人，主动向父亲发问，一步步把父亲诱进自己设的语言陷阱，再提出自己"借车"的要求，使父亲没有理由拒绝，从而取得这次向父亲"借车"的谈判的成功。

要想最快地达到谈判的目的，就需要做多方面的准备，比较好的方法是根据实际情况，提出多样选择方案，从中确定一个最佳方案，作为达成协议的标准。有了多种应对方案，就会使你有很多的回旋余地。

小男孩："妈妈，我要养一只小狗。"

妈妈："狗多脏啊，宝宝听话，咱们不养狗。妈妈明天给你买只漂亮的玩具狗。"

小男孩："妈妈，我不要玩具狗，没有小狗，我要一个小弟弟陪我玩也行啊。"

结果，第二天，妈妈就给小男孩买来了一只小狗。

小男孩主动提出要求，给了妈妈两个选择，要一只小狗或者一个小弟弟。妈妈自然会同意买只狗给他了。

主动出击时，你可以提出两种或多种选择，这些选择都可以是对方不愿意接受的。但是，比较起来，其中总会有一种令对方相对乐意接受一些的。这时候，你改变谈判结果的可能性就更大了。因为你充分了解和掌握了谈判的主动权，也就掌握了维护自己利益的方法，就会迫使对方在你所希望的基础上谈判。即使对方不同意其中的任何一种提议，他也会在你提议的基础上提出新的解决办法。

荒唐抗议式幽默

在谈判中，有时谈判对手固执己见，坚持明显不正确不合理的要求，这时我们可以打破思维常规，从一个人们意想不到的角度提出一个荒唐的意见，使对方在发出一笑的同时，明白自己见解的不妥，这时我们再趁热打铁，就能取得谈判的胜利。

远东国际军事法庭审判以东条英机为首的日本甲级战犯，因为排定座次问题，各个参与国的法官们展开了一场激烈的争论。中国法官应排在庭长左手的第二把交椅。可是由于中国国力不强，而被各强权国所否定。

在这种情况下，中国出庭的法官梅汝璈面对各国列强据理力争。他首先从正面阐明，排座次应按日本投降时各受降国的签字顺序排列，这是唯一正确的原则立场。正面讲完道理，还不能说服列强，他接下来运用幽默战术。

只见他微微一笑说："当然，如果各位同仁不赞成这一办法，我们不妨找个体重测量器来，然后以体重大小排座次，体重者居中，体轻者居旁。"

各国法官都忍不住地笑起来。庭长说："你的建议很好，但它只适用于拳击比赛。"

梅法官接着说："若不以受降国签字顺序排座，那还是按体重排好。这样纵使我被置末位也心安理得，并可以对我的国家有所交代，一旦他们认为我坐在边上不合适，可以派一个比我肥胖的来换我呀。"这话令全场大笑起来。

梅法官的幽默有很强的讽刺性。在这个举世瞩目的国际法庭上竟要按体重来排座次，真是荒唐之极。这个荒唐的提议虽然引人发笑，但是能够有力地说明各国列强在以强凌弱，蛮不讲理。这种幽默的方法比正面讲理更有说服效果。

有一位很吝啬刻薄的大富翁，和5只狼狗住在一栋别墅里。

一天，富翁请了一位画家到家里来为狗狗画一幅生活照。他要求画家在他家美丽的花园里，描绘出狗活蹦乱跳的各种神态。于是，画家花了3

天时间，在他家的花园里捕捉这 5 只狗玩耍的动作。

画好了之后，画家将画得很生动的图画拿给富翁看，可是富翁却借故挑东拣西，想找借口少付点钱。富翁拿着画左看右瞧之后说道："哎呀！你怎么没有把狗屋给画上去呢？"

"狗屋？"画家一愣。

"是啊！狗屋是狗的家，不画狗屋怎么行？"

画家不动声色地想了想说："好吧！我将画改过后，明天送来给你。"第二天，画家将修改好的画送来给富翁。

"咦！怎么只有狗屋，我的狗呢？"

画家泰然自若地回答道："因为我们现在正盯着它们，所以它们躲进狗屋里不出来了。你先挂在墙上，过些时候没人注意，它们就会出来了。现在，请您付钱，谢谢。"

画家运用幽默的语言，既回答了富翁的问题，又捍卫了自己的立场。这样的回答虽然显得有些荒唐，但以此来回应富翁前面提出的荒唐的要求，却不失为一种良策。这样的回答让富翁哑口无言。

赢得一场谈判，重要的是要说服对手接受自己的观点，当然，这也是最难的。所以，为了达到说服对方的目的，就要用上各种手段，而幽默绝对是其中的首选。

正话反说式幽默

说出的话所表达的真正意义与字面意思完全相反，字面上为肯定，而意义上为否定；或字面上为否定，而意义上为肯定。二者对照，反差很强烈，既形成了谐趣，又具有特殊的说服力。

在幽默语言技巧中，反语以语义的相互对立为前提，依靠具体语言环境的正反两种语义的联系，把相反的双重意义以辅助性手段如语言符号和语调等衬托出来，使人由字面的含义悟及其反面的本意，从而发出会心的微笑，间接接受说话者的意见。

反语看似荒诞不经，但从深层次上理解，它传达出另一层意思，虽不明言，却了然于心，是用含蓄和耐人寻味的幽默意境说服他人的重要语言手段之一。

齐景公好打猎，喜欢养老鹰来捉兔子。一次，烛邹不慎让一只老鹰飞走了，景公下令把烛邹推出斩首。晏子知道了，去拜见景公，说："烛邹有三大罪状，哪能这么轻易杀了他？请让我一条一条地数落出来再杀他，可以吗？"齐景公说："可以。"晏子指着烛邹的鼻子说："烛邹！你为大王养鸟，却让鸟逃走了，这是第一条罪状；使得大王为了鸟的缘故又要杀人，这是第二条罪状；把你杀了，天下诸侯都会怪大王重鸟轻士，这是第三条罪状。"齐景公听后，对晏子说："别说了，我知道你的意思。"

晏子的本意是想救烛邹，但却没有替他说情，反而数落他的三条罪状，仿佛要致烛邹于死地而后快，殊不知，事实上却是这三条罪状反而救了烛邹的命。原来，晏子救烛邹，不是单刀直入，向齐景公说情，而是采用正话反说之法，表面上是给烛邹加罪，实则是为其开脱，并委婉地批评齐景公重鸟轻士，这样既避免了说情之嫌，又救了烛邹；既指出了齐景公的错误，说服齐景公，又不丢齐景公的面子。可谓独辟蹊径，一箭双雕，读之品之趣味横生。

美国的妇女习惯于把自己说得年轻，但有一位夫人已经两鬓斑白，满脸皱纹，有一次却对一位新结识的朋友说："你知道吗？我和我妹妹加起来一共六十六岁。"她的朋友马上惊叫起来："哎哟哟，难道你把一个这么小的妹妹丢在家里，就放得下心吗？"

这句反话显然暗示老夫人在撒谎，由于说得幽默，连老夫人听了也不禁笑起来。

但反语幽默一般有一定的攻击性。如果有针对性，就要注意分寸，主要是考虑对方与你的关系是否经得住这种幽默。此外还得考虑场合和其他条件。有时同样一句话在一种场合下可以讲，在另一种场合下就不能讲；对同样一个对象在他心平气和时能讲，在对方心境很差时就不能讲。在给他人意见，特别是尝试着去说服他人时，要尤其注意，否则很容易帮倒忙。

如陪同一个较肥胖的同事去买衣服，她偏偏看上了一件紧身外套，而那外套穿在她身上实在不敢恭维，人们常常会用带有幽默语气的话说："天啊，这件衣服相对于你来说太苗条了！"若是关系较好的闺密，那对方会嗔怪地笑起来。如果是不太熟悉的同事，可能面子上就挂不住，更不要说接受你的意见了。

　　准确地把握对方的心境和所处的环境，同时把握自己说话的分寸，是有幽默感的人的重要修养，如果在这一点上粗心大意，不但幽默不起来，反而可能冒犯了对方的自尊心，弄僵彼此间的关系，达不到幽默的初衷。

　　林肯说："在我长期经验中，发现一般人对以幽默作为媒介的表达，更容易受到影响。"

　　幽默力量是属于个人的，是一个人在人生中所扮演的角色所拥有的。这种力量使得人们能够洒脱地摆脱困境，也使得人们能够自由自在地表现自己，表达想法，并表露感受，得以自由地去冒险，表现不平凡的作为，创造有意义的人生。

迂回入题式幽默

　　"顾左右而言他"，是大家都熟悉的成语，也是一种幽默的谈判技巧。一般人在谈判刚开始时都懂得运用这种"环顾左右、迂回入题"的幽默谈判策略，一般不会一碰面就急急忙忙地进入实质性谈话。双方人员也都表现得彬彬有礼，言语轻松。因此，双方有足够的时间协调一致。

　　在谈判过程中，随着谈判的深入，双方内心都会越来越忐忑不安，尤其是当谈判陷入僵局时。这时，可以运用"顾左右而言他"的幽默谈判技巧消除双方尴尬状况，稳定自己的情绪，使谈判气氛变得轻松、活泼，从而打破僵局，掌握主动权，为谈判成功奠定一个良好的基础。它将是你获得成功的一种重要策略手段。

　　世界第一位女大使柯伦泰曾被任命为苏联驻挪威全权贸易代表。一次，她和挪威商人谈判购买挪威鲱鱼。挪威商人出价高得惊人，她的出价也低得让人意外。双方开始讨价还价，在激烈的争辩中，双方都试图削弱对方的信心，互不让步，谈判陷入僵局，最后柯伦泰笑着说："好吧，我同意你们的价格。如果我们政府不批准的话，我愿意用自己的工资来支付这个差额。但是，这自然要分期付款，可能要支付一辈子了。"

　　挪威商人在这个谈判对手面前无计可施，只好同意将价格降到柯伦泰认可的水准。

柯伦泰运用幽默巧妙破解了谈判的僵局，最终使对方接受了己方的条件。

婉转提问也是"顾左右而言他"的一种幽默技巧。这种提问是用婉转的方法和语气，在适宜的场合向对方发问。这种提问是在没有摸清对方虚实的情况下，先虚设一问，探出对方的虚实，进而采取相应的对策。出色的谈判大师总是工于心计，巧于言辞，在谈判桌上运用自己的口才和幽默与谈判对手展开智慧谋略的较量。

在谈判中，要想顺利使用"顾左右而言他"的幽默谈判技巧，还必须密切观察对方态度的变化。身体动作、手势、眼神、脸部表情和咳嗽等，都能成为合用的幽默素材。有时谈判者有意识地用这些形体动作代替有声语言，特别是在不允许或不宜用语言表达的时候。如咳嗽，有时表示紧张不安，有时用来掩饰谎话，有时表示怀疑或惊讶。但是，在某一时刻，一个举动又不仅仅表示一个意思。这就要求谈判者善于联系对方的态度和言谈举止加以辨别。

这种"顾左右而言他"的幽默方式，不只可以用在谈判上，在夫妻生活中也一样可以引用。请看下面一个丈夫的幽默：

丈夫又回来晚了，一进家门就看见妻子严厉的目光，他自知理亏，又感到很不好意思，就走到沙发前，逗小猫玩。

他刚低下头，就听妻子一声叫喊："喂，你和那头笨猪在一起有什么意思？"

丈夫明知在骂他，故作不知，笑着说："这哪里是猪，这是猫呀！"

妻子看也不看他一眼，朝小猫一招手："亲爱的，到我这里来，刚才我是在跟你说话呢！"

从上面这则故事，我们不难看出妻子的聪明和幽默之处。不过，丈夫也知道自己做错了事情，他面对妻子的幽默嘲讽时，所运用的"顾左右而言他"的糊涂幽默也是很值得我们欣赏的。当你明知道自己做错了的时候，不妨以幽默的方式和你的爱人一起笑，笑你自己的错误。

善倾听巧反驳式幽默

俗话说："锣鼓听音，说话听声。"谈判中也应如此。悉心聆听对方吐露的每个字，注意他的措辞、选择的表述方式、语气，乃至声调，这是对方无意间透露消息的一个重要途径。在认真倾听过后，我们已经可以掌握一些有关对方的情况。这时候就可以用幽默的语言来回击对方了。

这种谈判术有时候会以其人之道还治其人之身，这其实就是把返还幽默的技巧用在谈判中。返还幽默术很是巧妙，它使用的思维套路是对方的，而后由此及彼，物归原主，它的目的是让对方搬起石头砸自己的脚。一位顾客因为饭馆的菜做得不好吃而与饭馆老板展开了谈判：

一个顾客叫住餐馆老板："老板，这盘牛肉简直没法吃！"

老板："这干我什么事？你应该到公牛那里去抱怨。"

顾客："是呀，所以我才叫住了你。"

顾客按照老板的荒谬逻辑，推论出老板应是"公牛"，搞得对方哭笑不得，自食其果。这种方法在谈判中用处极大，这时应抓住对方的话柄，顺着说下去，让其向着有利于自己的方向发展，从而产生强烈的幽默效果。

这种谈判方法的特色是不作正面抗衡，而是在迂回的交谈中，顺着对方的话说下去，借力胜敌，从而达到自己的目的和产生幽默感。当自己在谈判中处于不利的地位时，也可用这种"善倾听，巧反驳"的谈判方法使自己摆脱困境。

善于倾听是幽默反驳的前提，幽默反驳是倾听的结果，两者缺一不可，相辅相成，而两者的应用都是为了最终取得谈判的成功。

顺水推舟式幽默

隐蔽的幽默可以以隐晦之语化解对方的攻击，而顺水推舟则更带攻击性，能让对方陷入难堪之境。可以说，顺水推舟的幽默更考验当事人的临场反应力和人生阅历。

顾名思义，顺水推舟是指顺着对方的话往下说，让对方难以应对。这种幽默方式的应用需要当事人有很强的应变能力，能在现场做出即时反应，顺着对方的话让其自食其果，以难堪收场。

如德国诗人海涅是犹太人，常常遭到无端攻击。有一次晚会上，一个旅行家想借机攻击他，便说："我发现了一个小岛，这个岛上竟然没有犹太人和驴子！"海涅不动声色地说："看来，只有你和我一起去那个岛上，才会弥补这个缺陷！"

这位旅行家本意是取笑海涅的犹太人身份，结果却被海涅顺水推舟，讽刺旅行家就是岛上所缺少的驴子。整个谈话过程中，海涅没有使用一句指责之语，却让对方十分难堪，这可谓是顺水推舟的较高境界了。

言语的碰撞交锋，充斥着智慧和幽默的对比。面对对方的言语攻击，我们如果与其争吵则有伤风度，最好是能够给对方以优雅一击，直中其要害，而最好的方式就是抓住对方攻击的关键点，幽默地予以回击。这种幽默反击，可以让人在轻松愉快的气氛中解决纠纷，缓和尴尬。

一个城里人，遇一乡下人，向他发难："请问这位老乡，你有几个令尊？"

乡下人装作不知，反问："令尊是什么？"

城里人狡猾回答："令尊就是儿子。"

乡下人反问："噢，那么请问您有几个令尊？"

城里人无言以对。

乡下人步步紧逼，安慰他说："原来您膝下无子。我倒是有两个儿子，可以过继一个给您当令尊，不知可否？"

城里人扫兴而去。

城里人自恃才高，欺负乡下人知识浅陋，企图取笑他，而乡下人则以过人的智慧予以反驳，其语言恭敬但处处陷阱，让城里人搬起石头砸了自己的脚。这位乡下人运用幽默的技巧，巧用"令尊"一词进行回击，为自己解了围，也维护了自己的尊严。

乡下人往往被误认为是无知的代表者，而荧幕上漂亮的女演员也常常被以为头脑简单，但事实并非如此。

有些人其灵活的应变力和反戈一击多依赖于现场的临时发挥，而那些以语言为职业的专业人士则在生活中积累了丰富的素材和经验，因而面对攻击时能更轻而易举地击倒对方。

在一次盛大的晚宴上，一位出生富家的年轻人趾高气扬地问萧伯纳："您是萧伯纳先生吧？听说您的父亲只是个裁缝？"

萧伯纳微笑道："是的。"

年轻人再问："那……您为什么不学他呢？"

萧伯纳笑看了年轻人一眼道："听说你父亲是个谦谦君子？"

年轻人高傲地说："对。"

萧伯纳反问："那你为什么不学他呢？"

这叫"以子之矛，攻子之盾"。年轻人攻击萧伯纳出身低贱，而幽默大师萧伯纳对此不予置评，而是转而批评他的教养，其句式和用语与这位年轻人都很像。萧伯纳巧妙地运用反戈一击的技巧，用这位年轻人的攻击之术轻松地回击了其傲慢无礼的态度，使其碰了一鼻子灰。

声东击西式幽默

声东击西法，是指目标在西而先假意向东，出其不意地给对手一击。它实际上是一种含蓄迂回的幽默技巧。在谈判中，利用语言来回击或反驳对手的时候，这种幽默技巧的运用特别有力。

在各种谈判中，这种声东击西法的幽默技巧都可以巧妙地加以运用，以产生强烈的幽默效果，争取谈判的成功。

《史记·滑稽列传》记载，楚庄王有一匹爱马，给它穿上带有刺绣的衣服，放在装饰华丽的屋子里，喂它吃枣脯，最后马因肥胖过度而死。楚庄王让群臣为马发丧，要以大夫规格，用内棺外椁而葬。大夫提出异议，楚庄王下令道："有敢于对葬马之事再讲者，处以死罪。"优孟听说后，跑进大殿，一进殿门，便仰天大哭，楚庄王十分吃惊，忙问何故，优孟说："死掉的马是大王心爱之物，我们堂堂楚国，要什么东西没有？而今却要以大夫之礼葬之，太薄了，我请求大王以人君之礼葬之。"楚庄王听后，一时无言以对，只好打消以大夫之礼葬马的打算。

本来楚庄王要厚葬宠物，而且不容大臣提出异议，可优孟的反话正说使之改变了初衷。

《五代史·伶官传》中记载的一事也十分有趣：庄宗喜好田猎，在中牟打猎，戏踏许多民田。中牟县令为民请命，庄宗发怒，要杀他。伶人敬新磨得知后，率领众伶人去追赶县令，将之拥到马前，责备他说："你身为县令，怎么竟然不知道我天子喜爱打猎呢？为何让老百姓种庄稼来交纳税赋，而不让你治下百姓忍饥去荒废田地，让我天子驰骋田猎？你罪该万死。"于是拥着县令前来请求庄宗杀之。庄宗听后无奈大笑，县令被赦。

以上两则故事中，优孟和敬新磨为了达到各自的劝谏目的，取得和君王谈判的成功，都运用了反话正说、声东击西的幽默技巧，就是使用与原来意思相反的语句来表达本意，表面赞同，实际反对。在谈判中，运用这种表达方式往往能收到直接表达所起不到的作用。

但是，在谈判中，要想运用声东击西的幽默技巧取得好的效果，就需要对方的静心默思，反复品味。因为这种幽默技巧的特点是：你想表达的意见不是直接表达出来，而是以迂为直，被埋藏在所说出来的话后面，对方在听完话之后，必须有个回味思考的时间，才能体会出个中的奥秘，产生幽默风趣的情绪，这种声东击西的幽默技巧也才能对谈判的结果产生影响。

因此，一个真正有幽默感的谈判者，不但要自己善于说，而且要善于领悟对手的幽默。善于领会对手的幽默，也是一种谈判智慧的表现。

旁敲侧击式幽默

在谈判中，运用旁敲侧击法就是利用幽默的语言来回击或反驳对手的一些观点。由于运用旁敲侧击法时，谜底被深深地埋藏在幽默的话语下面。所以，要在谈判中运用这种幽默技巧并取得幽默效果，就要在己方发言之后，留给对手一个短暂的回味时间，对手才能体会到幽默的话语和谜底之间微妙的联系。因此，在谈判中我们不但要自己善于运用这种幽默技巧，而且要善于领悟对手的这种幽默。

在谈判中，当需要批评或提醒对手而又不便直接向对方提出时，便可考虑使用这种幽默风趣的旁敲侧击法。从侧面提出一些看似与谈判主题毫不相关的话题，以此来达到启示、提醒、警告等目的。

在谈判中，幽默地对对手进行旁敲侧击，既鲜明、坚定地表明了自己的立场，而语气和态度又不是显得十分强硬，令对手容易接受。在谈判中，语言幽默、形象，还能有效地活跃谈判气氛，使谈判轻松、愉快，并逐步向有利的方向发展。下面举一个现代生活中谈判的例子：

一位顾客坐在一家高级餐馆的桌旁，把餐巾系在脖子上。大堂经理很尴尬，叫来服务员说："你要让这个'绅士'懂得，在我们的餐馆里，那样做是不允许的，但话要说得尽量委婉些。"

服务员来到那人的桌旁，很有礼貌地问："先生，你是刮胡子，还是理发？"

话音一落，那位顾客立即意识到自己的失礼，赶快取下了餐巾。

服务员没有直接指出客人的失礼之处，却幽默地问两件与餐馆服务项目毫不相干的事（刮胡子和理发），表面上看来，似乎服务员问错了，而实际上他是通过这种风马牛不相及的幽默来提醒这位顾客。既使顾客意识到自己失礼之处，又做到了礼貌待客，不伤害客人的面子。服务员用的正是旁敲侧击的幽默技巧。

当然，服务员不能把顾客当作对手看待，不过，服务员确实是与顾客进行了一次普通意义上的谈判，试想，如果服务员直接指出顾客的不对，顾客必定会很尴尬，可能就头也不回地走了，餐馆也就失去了一位顾客。

在谈判中运用旁敲侧击时，还要注意在说话之前先动动脑子，从正面、反面、侧面多角度地想一想，寻找出可以使对手得到启示的多种不同的表达方式，选择其中一种最好的，从而达到预期的目的。

CHAPTER 6

第六章 风趣演讲藏幽默

　　演讲是在比较正式的场合对众人所作的一种带有鼓动性、说服性、抒情性和表演性的讲话。但是，不能因为它比较正式，演讲人就一定要端起架子，板起面孔，做枯燥无味的陈述。所以，幽默是使演讲易于为人接受的一种高明的方法。

风趣十足的幽默

演讲，是就某个问题对听众发表个人的见解，以阐明事理、感召他人为主要目的。它以"讲"为主、以"演"为辅，通过语言、感情、姿态等方面的协调运动，"告人知"、"说人信"、"让人服"，点燃蕴藏在人们内心世界的希望之火、奋斗之火、智慧之火，由此推动文明的进步。

幽默在演讲中的作用非同小可。

通常幽默都有把复杂的内涵观点形象化的效用，适当糅合幽默的成分，能增强演讲的说服力，帮助听众一针见血地把握问题的实质。

列宁在自己的演讲中曾幽默地批驳了德国政府采取的愚人政策，他说："现在，德国政府已昏头昏脑，当整个德国都已经燃烧起来的时候，它却以为把自己消防队的水龙头对准一幢房屋就能把火熄灭。"由此生动形象地揭示了专制政府的虚妄本质，使人耳目一新。

演讲的题材是非常广泛的，有时你想表达的信息是别人不愿意听到的，可能会令人感到痛苦，或者需要听众做出较大的牺牲，或者要他们面对某些残酷的人生处境。这时，快人快语是不合时宜的，委婉一点，运用幽默的力量，会使听众在较轻松的氛围中去理解和感受你所要传达的信息。例如，现在艾滋病的阴影正笼罩着全球，人人谈虎色变。假如你演讲的目的是筹集艾滋病研究防治基金，用于更新医疗设备，你就不能不谈到大家都忌讳的病毒、感染和死亡问题，这是很沉重的话题。这时你可以通过说些轶事或趣闻来减轻听众的情绪压力，缓解气氛。一个流传甚广的幽默故事曾经被许多演讲者转述：

美国哲学家梭罗临终的时候，他的一个姑母在病榻前问他："你和上帝之间已经达成和解了吗？"梭罗回答说："我倒不知道我们之间吵过架。"

显然，幽默可以冲掉由于陌生、严肃、沉重而存在的淡淡的哀伤情绪，使场面变得亲切融洽，轻松随意。

总之，一次带有幽默的演讲不一定是一场成功的演讲，但一次成功的演讲一定是一次幽默十足的演讲。

提升档次的幽默

演讲，是就某个问题对听众发表个人的见解，以阐明事理、感召他人的一种说话形式。

对一位优秀的演说家来说，他所需要的不仅仅是口若悬河，而且需要高深的学问、广博的知识、丰富的联想以及多种多样的使自己表达自如的手段，毫无疑问，幽默正是使演讲显得精彩的重要手段之一，它可以提升演讲的档次。

第一，幽默可以增加演讲的趣味性。

人们常在演讲中将一些知识或者观点传达给听众，运用幽默的方式来陈述，往往比直白的讲解更耐人寻味。它可以增添知识的趣味性，也使得理解更为容易一些。

第二，幽默能增加演讲者与听众之间的亲和力。

演讲是一种"你听我讲"的艺术，这样的结构关系本来就显得比较枯燥，没有亲近感。演讲者若是居高临下地板着面孔讲，与听众的感情便难以沟通，反之，一开始便对等地、谈话式地来个幽默，一下子就缩短了与听众之间的距离。

保罗·纽曼是著名的影星，他那精湛的演技与叛逆的形象，使他成为好莱坞倍受瞩目的男演员。1982年，保罗·纽曼为了祝贺纽约布鲁克林大学新设电影系，特地访问该校，主持了新片《恶意的缺席》的试映会，并参加学生的座谈。

有一位学生愤愤不平地说："我从收音机听到这部电影的广告——最后一场是拼得你死我活的枪战场面，可是实际上，片尾非常平静和平，像这种虚伪的广告宣传实在要不得。"

这位学生说得义愤填膺，现场的气氛顿时变得十分紧张。保罗·纽曼回答说："我完全不知道广播电台的广告内容。"他顿了一下，接着说："不过，下一次的片尾一定会出现激烈的射杀场面。镜头上出现的是：我用枪打死了那位收音机播音员。"

保罗·纽曼幽默的回答引起哄堂大笑，也化解了紧张的气氛，赢得了更多观众的爱戴。

第三，幽默可以增加演讲的说服力。

幽默具有把复杂、含蓄的观点形象化的效用，适当添加幽默的成分，能增强演讲的说服力，帮助听众一针见血地把握问题的实质。

在演讲的题材中，可能你想要表达的信息正是一些人不愿提及或者听到的东西，它们可能会令人感到痛苦。这时，直言肯定会显得不合时宜，也不易被人接受。委婉一点，运用幽默的力量，反而会使听众免于受到痛苦情绪的威胁，解除他们对禁忌话题所产生的不安与恐惧。

然而，假如你可以通过幽默的方式来陈述你的观点，就可能减轻听众的情绪压力，改变话题的氛围。

比如，你说"如果我们不筹集到足够的资金来用于防治的话，那么我们将随时会受到死亡的威胁"，会让人觉得过于沉重压抑。而假如你说"如果我们能够筹集到足够的资金来用于防治的话，那我们就可以不用过早地与上帝会见了"。显然要让听众觉得轻松很多。

幽默的言语中充满了令人愉快的智慧，它对于演讲听众具有特别的意义。往往是那些含蓄、风趣的材料和语言，寓庄于谐，使人在会心一笑的同时，体会到高尚的情趣和深刻的道理。你如果娴熟地掌握了幽默技巧，在演讲中插入一些妙趣横生的内容，往往比振振有词的套语更能牵动听众的心弦。

因而，那些被人们所熟知的演讲高手是从来不忽略幽默的，他们懂得怎样来提高自己演讲的效果和档次。总能以笑声来调节台下听众的情绪，激发他们回味无穷的遐思。

精选素材的幽默

演讲者要想在演讲中做到幽默自如、游刃有余，要提前准备好幽默素材，下面这个故事讲的就是这一点。

英国前首相狄斯雷利有一次演讲得十分成功，有个年轻人向他祝贺说："您刚才那即兴演说真是太棒啦！"

狄斯雷利回答道："年轻人，这篇即兴演说稿我准备了二十年。"

二十年，但狄斯雷利告诉了学习演讲的人一个道理——你要发表一个成功的演说，要想和听众打成一片，就要花时间去收集一些笑话、故事、趣闻或妙语。这些幽默的"佐料"会令你进入他人的兴趣和思想之中。

任何伟大的即兴演说家，都是通过这种努力获得成功的。他们一旦上了台，就会妙语连珠，使听众如痴如醉。下面介绍几种常见的幽默素材是怎样被演讲者利用的。

首先，可以从自己的姓名上找素材。

一个姓胡的老教授很是幽默。在79岁高龄时，胡先生健步登上讲台，对众多学生朗声笑着说道："我姓胡，不是糊里糊涂的'糊'。"

学生们在胡先生谦虚的自我介绍中渐渐进入听讲的佳境。许多人的姓氏和名字都可能很平常，从中很难找出幽默素材来，那也不必完全围绕姓名打转，其他的幽默素材还有很多。

我们还可以在自家的宠物身上找到幽默的灵感。

有一天，一位女士带着她家的小狗逛公园。一位老太太看了她的狗，很奇怪地问道："为什么你家小狗的尾巴不是左右摆动，而是上下摇摆？"她回答道："这完全是环境所致。我给它做的窝还是两年前的，那时候它还很小。"

有时候发牢骚也能产生幽默效果。不过牢骚发得恰如其分，才不至于冲淡欢乐的气氛；牢骚发得轻松，方不失演讲者之风度；牢骚要发得幽默，方能博得听众的笑声。

一个青年人过生日，他说："诸位兄弟姐妹，今天是我的生日，大家都不必客气。一定要大块吃肉，大碗喝酒。哎，过生日又长了一岁，可惜兄弟我一大把年纪了还是光棍一条。大家伙儿仔细瞅瞅，我这可是一表人才，居然没一个女孩爱上我，你们说是不是很奇怪。我在这儿和你们打个赌，明年的今天，你们诸位等着瞧吧。"这时，有人笑着说了一句："还等着瞧你这条光棍啊。"大家都笑成一团。

打的什么赌，等着瞧什么，青年故意不说明白，留给大家去猜，一位客人点破了他的这个意思，这样也就产生了幽默的效果。

准备幽默素材，你需要在演讲之前先浏览你的发言稿，考虑一下你的听众嗜好、职业和性格特征，琢磨最近发生的大事件对人们的影响等等，你就会发现其中的差别、夸张、古怪的联系、不一致性和反话。而所有双关含义的词组、体现相反背离的观念和情形都有可能成为幽默产生的源泉。

另辟悬念的幽默

任何一个人只要出现在讲台上，由于外在的头衔、职业、年龄等的原因，多少有些精神优势，足以使听众对他肃然起敬，哪怕是短到只有几分钟，因而有碍于他与听众的情感沟通、缺乏幽默感的演讲者往往满足于这种精神优势，而不知其是非持久的，因而是危险的。外在的精神优势越大，听众的心理期待越强，而在后来产生失望的可能性也越大。

聪明的演讲者常常在开头降低这种优势，以缩短自己与听众之间的距离。但这不包括那种在开场白中讲一番谦逊的客套话："我没有什么准备，现讲几句不成熟的意见……"由于是客套话，极不诚恳，不但不会使听众注意力集中，还往往会使听众的注意力钝化。如果是国际性的演讲，还可能起到反效果——你对自己都没有信心，可见没有什么真水平。

一位演讲家在一次演讲时打了一个比喻，说："男人，像大拇指；女人，像小拇指。"

话音刚落，全场哗然，女听众们强烈反对演讲家的这一比喻，认为这是贬低了女性。演讲家立即补充道："女士们，人们的大拇指，粗壮有力，而小拇指却纤细、灵巧而且可爱，不知诸位女士，哪一位愿意颠倒过来？"

这句话如灵丹妙药，立即平息了女听众的愤怒，她们相视而笑了。演讲家以大拇指比喻男人，以小拇指比喻女人，几乎引起会场轩然大波。这不奇怪，因为按一般人的观念，大拇指是顶呱呱好样的象征，而小拇指是差劲的象征。但演讲家实际上是蓄意"吊胃口"，他把女听众弄得愤怒之后，一下把原比喻翻转过来，揭示出他的真正意思，从而使听众在这一喜剧性的突转之中由愤而喜，恍然大悟。

很多时候，庄重严肃的话题也并不一概排斥诙谐幽默的多种语言表达方式。相反，只要运用巧妙，有时还会收到庄重直言未能实现的效果。根舍与吴学谦两位外长的会谈，其实双方意见完全一致，如果直说也未尝不可，但根舍外长却另辟蹊径，先以"有一点失望"来引发在场者的惊愕，卖个"关子"，然后才出人意料地道出所谓的"失望"正是最理想的。由于正话反说，不但显得幽默风趣，而且烘托和增添了会谈的融洽气氛。

适时添加的幽默

演讲的种类繁多，要根据其性质来决定幽默的施加量。演讲从内容上来分类是很多的，有调查分析，有文件传达，有访问介绍，有学术报告，有形势报告，有专题报告，有释疑解难，有鼓动，有设论，有逗乐，有漫谈……但依演讲听众的心理动力形式而分，主要分鼓动性演讲、说理性演讲和陈述性演讲3种。

其一，鼓动性演讲。

这是一种用鼓动性话语或者讲经历、讲故事的办法震撼人、折服人的演讲。过去惯用的"忆苦思甜"就属这种演讲，它要在唤起人们泪水的同时引起人们听讲的兴致，而且"忆苦思甜"的重点在于"思甜"，当然不能不施加幽默，否则就会起到相反的作用。

十年动乱时期，某中学请一位不识字的老贫农作忆苦思甜报告。这位老人很幽默，常使用俏皮话、歇后语，当他说到那一年全家挨饿时说："我们全家老小都胖了。"听众愕然。他马上接着说："眼珠子胖了！"大家都忍不住笑出声来。说到现在的生活好，他又说："现在好了，我每天是猪八戒吃窖糠——酒足饭饱，晚上还能去钻《地道战》看《白毛女》。"惹得全场大笑，"忆苦"的气氛被冲淡了，思甜的气氛变浓了。

这类演说对听众心灵的撞击猛烈，多在鼓舞信心或在讽刺邪恶时稍微加些幽默。由于鼓动性演说分量重，严肃、庄重，所以不宜过多地施加幽默，否则有可能破坏其固有的庄重的氛围。

其二，说理性演讲。

这是一种以谈形势、作传达的政治报告和学术报告为内容的演讲。这类演讲着重通过说理来折服人。说理过程要求生动、形象，这就使幽默的施加分量可适当增加。

有一次，著名遗传学家谈家桢教授在演讲时，讽刺有些人过于赶时髦，自诩为"米丘林学派"，打击摩尔根学派。谈教授幽默地说："有人喜欢贴标签，自己不好意思贴，还请别人贴。一提摩尔根学派就大骂'主观''唯心'，'反动''反革命'也出来了，用心好苦啊！"话说到这里，那些搞学术一言堂的人都羞得红着脸低下了头。

这就是说理性演讲的幽默效果。

其三，陈述性演讲。

这是一种漫谈式的，无特定主题的即兴、随意演说，是轻型演说，"无标题音乐"。因为演讲本身内容自由，幽默也更无拘束，可以通篇幽默。

郭沫若1955年重返日本九州大学作了一次演讲，那是郭老曾经就读的学校，他说："在这里我要向我以前的老师表白，我作为一个医科大学生，事实上不是一个'好学生'，福冈的自然太美了，千代松原真是非常的美丽。由于天天都接近这样好的自然，我在学生时代就不用功，对于医学没有认真地研究，而跑到别的路上去。"他幽默地说："当时我在教室里听先生讲课时，就一个人偷偷地在课本上做诗了。"这些话，使场内不时发出欢快的笑声、掌声。

"幽默是语言中的盐。"语言表达需要幽默，尤其是当众发表的，带有鼓动性、说服性、抒情性和表演性的演讲，就更需要演讲者以幽默的心态去进行表达。这样的演讲才能动人心弦，才能成功。

活跃开场的幽默

俗话说，一个好的开始，就相当于成功了一半。演讲的开场很重要，它几乎可以决定一次演讲的精彩程度。就演说者来说，如果他一开始讲话就很严肃很高深，那么接下去的演讲就很难活跃起来。

在一次讨论会上，一位著名的演说家没讲一句开场白，手里却高举着一张100美元的钞票。

面对会议室里的200个人，他问："谁要这100美元？"一只只手举了起来。他接着说："我打算把这100美元送给你们中的一位，但在这之前，请准许我做一件事。"他说着将钞票揉成一团，然后问："谁还要？"仍有人举起手来。

他又说："那么，假如我这样做又会怎么样呢？"他把钞票扔到地上，又踏上一只脚，并且用脚碾它。尔后他拾起钞票，钞票已变得又脏又皱。

"现在谁还要呢？"他问，还是有人举起手来。

"朋友们，你们已经上了一堂很有意义的课。无论我如何对待这张钞票，你们还是想要它，因为它并没贬值，它依旧值100美元。人生路上，我们会无数次被自己的决定或碰到的逆境击倒、欺凌甚至碾得粉身碎骨。我们觉得自己似乎一文不值。但无论发生什么，或将要发生什么，你们永远不会丧失价值。你们要相信，无论肮脏或洁净，衣着齐整或不齐整，你们依然是无价之宝。"

演讲家的话赢得了场下热烈而持久的掌声。

在演讲的正文开始以前，用各种各样的幽默题材和方式来"卖关子"，可以起到吊听众胃口和吸引大家注意力的作用。

俄国著名的大文豪高尔基的幽默开场则别具一格，富于才气。

1935年，高尔基参加会议时，代表们要求他讲话。他上台后，与会者长时间鼓掌。掌声停息，高尔基灵机一动，微笑着说："如果把花在鼓掌上面的全部时间计算起来，时间浪费得太多了。"

全场报以会心的微笑，大家都很钦佩高尔基的谦虚和机智。

美国著名外交家基辛格也有关于活跃开场的出色发挥。

有一次基辛格应邀讲演，等主持人介绍后，听众马上站立，长时间鼓掌。掌声停歇后，听众慢慢坐下来。基辛格开口说："我要感谢你们停止鼓掌，因为要我长时间表示谦虚是很困难的事。"

这一风趣的开场白表现出基辛格杰出的语言才能，比起连声说"感谢！感谢！感谢诸位"，技巧不知要高明多少倍，效果也不知要好多少倍。

穿插故事的幽默

幽默故事常常是快乐的源泉，你可以利用它们为你的演讲增光添彩。

比如，你可以拿一个笑话作为基本内容，然后以它为母体加以变通使之适合于任何一个指定的题目，或者发展它的某种可笑性，从而衍生出一系列笑料。

在演讲中，为了增强演讲效果，加深听众印象，可以穿插现成的幽默故事。穿插时要注意：穿插进来的内容一定要同话题有关，能起到说明、交代、补充的作用；穿插的内容务必适度，不可过多过滥，造成喧宾夺主，中心旁移；衔接务必自然得当，切不可让人觉得勉强或节外生枝。下面的报告中教授穿插的歇后语就很恰当。

有一次，一位教授给学生作报告，接到一个条子，问："有人认为思想工作者是五官科——摆官架子，口腔科——耍嘴皮子，小儿科——骗小孩子，你认为恰如其分吗？"这个问题颇有锋芒。

教授妙语解答，回答说："今天的思想工作者，我认为是理疗科——以理服人，潜移默化，增进健康。"

在演讲中插入风趣、幽默的谈笑，还有一个速度问题，太匆忙和太缓慢都不能达到预期的效果。因而要掌握好速度，把时间控制得恰到好处。

如果办得到，演讲者还可以就地取材话说幽默，将日常生活中那些富有特点的人或事里注入幽默的因素，使之成为推进演讲时得心应手的材料，以博听众一笑。

丘吉尔某次登台后声称："只有两件事比餐后的演讲更困难：一件是去爬一堵倒向你这一边的墙；另一件是去吻一个倒向另一边的女孩。"

还有一个故事：

哈罗德·杜怀特在一次宴会上发表了一场非常成功的演讲。他依次谈到围坐餐桌的每个人。说起初开课时，他是如何讲话的，现在进步了多少。他一一回忆各个同学做过的讲演，模仿其中一些同学，夸大他们的特点，逗得个个开怀大笑，皆大欢喜。

比较高明的演讲者还可以运用古今杂糅法，把古人的事，利用最时髦的语汇解说，或把现代的事，用古代成语描绘，这种异相拉近的幽默效果也很好。在演讲中可随时加以运用，如谈到消费的时代性时可来一句："慈禧太后虽然骄奢淫逸，但她从来不吸万宝路，不喝雀巢咖啡，也不看外国大片。"讲到文凭、职称的问题时，可以说："孔夫子一没文凭，二没职称，但他在杏坛办学习班，培养了不少有学问的高才生。"

更高明的演讲者还通过讲述自身经验中那些人人有同感的矛盾之处作为"楔子"。

名作家吉卜林在向英国一个政治团体发表演说时,使用了下面的幽默,引起全场捧腹大笑:

"主席,各位女士先生们:我年轻时,曾在印度当记者,专门替一家报社报道犯罪新闻。这是一项很有趣的工作,因为它使我认识了一些骗子、盗用公款者、谋杀犯以及一些极有进取精神的正人君子。(听众大笑)有时候,我在报道了他们被审的经过后,会去监狱看看这些正在服刑的老朋友们。(听众大笑)我记得有一个人,因为谋杀而被判无期徒刑。他是位聪明、说话温和有条理的家伙,他把他自称为'生活的教训'告诉我。他说:'以我本人作例子:一个人一旦做了不诚实的事,就难以自拔,一件接一件不诚实的事一直做下去。'"(听众大笑)

吉卜林没有平板地陈述记忆中的旧闻旧事,而是幽默地围绕准备进入的话题渲染了一些近乎怪诞的趣事,从而建立起自己和听众的沟通点。

可见,利用他人和自身的一些幽默故事,可以为自己的演讲增光添彩。

直指精髓的幽默

有人认为演讲是越长越好,真的是这样吗?当然不是。一些篇幅很长,又没有内容,全是废话的演讲,就好像"王婆的裹脚布"一样又臭又长,让听众也会心生厌恶。而简短的演讲也能将问题说清楚,它一方面能让听众觉得意犹未尽,一方面又能表现出演讲者很好的概括口才。

我国著名的文学家林语堂就认为:"演讲必须像女孩子穿的迷你裙一样,越短越好。"

当然,并非所有简短的演讲都能取得好的效果。它除了短之外,还须精彩、幽默,有分量。

后来担任美国总统的艾森豪威尔,在担任哥伦比亚大学校长时,经常应邀出席各种宴会。

在一次宴会上,几位名人已经作了长篇演说,可最后主持人还是请他讲话。艾森豪威尔一看时间已经不早，决定删去他已经准备好的演说内容，站起来即兴发挥："每一篇演讲不管它写成书面的或其他形式，都应该有标点符号，今天晚上，我就是标点符号中的句号。"大家立刻报以热烈的掌声。后来他对别人说，那是他最成功的演说之一。

演讲的时候，有的人喜欢长篇大论，滔滔不绝；也有的人喜欢简短精悍的演说；还有的演说者将要说的内容浓缩成一句话，恰如其分地表达出其中的关键意思，令人拍案叫绝，印象深刻。

马寅初先生是我国著名的学者，在他担任北京大学校长期间，曾经参加过中文系老师郭良夫的结婚典礼。当贺喜的人发现了马校长到来时，情绪高涨，并想请他做一段即席致辞。马寅初本来没有准备，但处在这种喜庆的环境下，又不忍心拂众人的意，只好来段即兴的演讲。他灵机一动，想出了个一句话的演说："我想请新娘放心，因为根据新郎大名，他就一定是位好丈夫。"

这句话刚说完的时候，大家都感到莫名其妙，不知道什么意思。但是很快，大家联系到新郎的名字，都恍然大悟了：新郎的名字为"良夫"，良夫不就是指好丈夫吗？于是大家都开怀大笑起来。

马寅初先生这句简单的话营造出了和谐轻松的氛围。他借用了新郎的大名传达了两个意思：一是表达了校长对教师的良好祝愿；二是希望郭老师人如其名，做一个好丈夫。

演讲不但要尽量精简，还要最大限度地表达清楚内容，很多富有幽默细胞的人在这方面总有一些出其不意的技巧。

一个演讲者上台后就慷慨激昂地说："我演讲的题目是'说坚守岗位'"。说完这句后就再没有下文，就这样下台了。听众听得十分不解，又莫名其妙，还有些人甚至开始感到气愤。

这时，演讲者又走上了台说："如果我在演讲的时候离开讲台，大家是不是不能忍受？那么，如果在工作时间擅离职守，不是更加让人无法容忍，更应该被人谴责吗？我的演讲完了，谢谢大家。"

他的话刚说完，就响起了一阵热烈的掌声，显然听众都很喜欢他的演讲方式。

这个演讲可以说非常精悍短小了，然而他借着走下台阶这个行动，清晰准确地向听众表达了这次演讲的内容，既让听众听得明白过瘾，又不会让听众产生厌烦的情绪。听众热烈的掌声就证明了这次演讲是多么的成功。演讲虽短，却强悍有力，给听众留下了深刻的印象。

演讲就像潘长江在小品中说的"浓缩的都是精华"一样，没有人喜欢听长篇大论，很多时候，能短则短，冗长只会消磨掉听众的激情。

避开刁难的幽默

赫伯·特鲁把演讲后期的问题归为三种：幽默失效、环境物理情况的干扰、听众故意捣乱。对它们我们都应当用幽默术对付，以便赢得"趣结"的效果。听众的故意捣蛋有时会以"合法"的形式进行，他们常常希望通过向演讲者问一些刁钻古怪的问题来达到捣乱的目的。不过，演讲高手自有办法对付他们。

有一位学者在大学里开办心理学讲座，这个讲座吸引了很多人。演讲结束后，几个比较捣蛋的学生提了一连串怪问题，其中之一是请演讲者谈谈对开放的看法。

学者说："这个问题还用回答吗？现在街上超短裙流行，三点式泳装也出现了。《红楼梦》里的林妹妹有这么大胆吗？"

这个幽默的回答有曲径通幽之功。巧妙说明现在与过去相比，"思想解放"的确为更多的人所接受，而这是历史的必然趋势。

有些听众还常常利用提问题的机会，故意占用大量演讲时间来反驳演说者的观点。不过，一个优秀的演说者自有其应对之道。

有一次演讲结束后，一个听众挤到前面来，说是要问问题，其实是想发表相反的演说。这个人滔滔不绝讲了五分钟还不罢休。当他终于停下来，演说者问他："是不是可以请你把问题重复一遍？"听众席爆发出一阵笑声。

演说者幽默地向大众揭露了这个听众的意图，使广大听众在笑声中对这个听众的无理又无聊的行为一笑了之，自然更不会在意他讲了些什么，而演说者也巧妙地回避了一场争论。

有时候，听众不是故意为难演讲者，而是真心请教一些比较难的问题，这时候演讲者也可以幽默作答。

在20世纪20年代初，鲁迅在京讲授中国小说史。一次讲完《红楼梦》时，他出其不意地问学生："你们爱不爱林黛玉？"许多学生被问得莫名其妙，无从答起。一位机敏的学生反问道："周先生，你爱不爱？"鲁迅若有所思地答道："我不爱。"那学生又问："为什么不爱？"鲁迅非常幽默地答道："我嫌她哭哭啼啼。"顿时，课堂上欢声四起，轻松活跃。

学生机智的反问有些出其不意，鲁迅用幽默的回答巧妙应对，激活了课堂气氛。

在演讲中的问答阶段，运用幽默技巧可以巧妙地避免陷入刁钻问题之中，也更能给听众留下深刻的印象。

以姿衬视的幽默

有一种理论，主张幽默的最高形式是视觉形式，而不是语言形式。这有一定的道理，因为人们笑的往往不是话语本身，而是自己的行为。有时候，演讲者可以运用一点视觉效果，来帮助自己让听众知道，现在正是你应该笑的时候。

当劳伦斯（D.H.Lawrence）的小说《查泰莱夫人的情人》出版后，贝特就在一次演说中把它打开，里面有两页纸立刻燃烧起来。这是贝特从魔术师那儿学来的方法。然后他又把它合拢，说："大家已经看到，这本书的热情太高了，差点引起火灾。"

视觉幽默能将景象和声音融合在一个幽默中，因此往往需要使用一些出人意料并富于机智的道具。可是，美国加州大学就有一位老师，他不需要道具也能造成视觉幽默，这位老师叫奈德。

有一次，奈德去参加州大学的一项会议。他原先不打算在会议中讲话，更没有想到要坐在台上。

奈德小心翼翼地走上讲台。正好墙角有一架钢琴，他径自走向钢琴，在钢琴旁坐下来，按出一个颇悠扬的低音。

然后，他回头看了看，说："对不起，我有点紧张，不过马上就好。"他噼里啪啦地弹出几个音符，之后走到台前，在话筒前坐下。这时他缓缓地、小心地假装扣好身上的安全带，然后说："我在飞行中别失事就好了。"

大多数时候，视觉幽默需要靠动作表现出来。不过动作也不要太夸张了，因为除了极少数情况外，太夸张的动作会引得听众只注意看你的动作，而忽略了演讲的内容。下面这位演讲者的动作就太夸张了，以至于听众不知道他想要讲什么。

他走上讲台，一屁股坐在椅子里，接着马上站起来，说了声"对不起"，随后再谨慎地坐下去，只把半个屁股放在椅子上。他说："坐着讲话效果不好，请大家原谅。"

在运用视觉幽默的时候，演讲者的动作要轻松、自然，这样才能消除由听众的冷峻感建造成的"心理墙"。但动作幅度又不可过大，应当保持在绅士风度的动作范围之内，因为演讲不是表演。视觉上的幽默，绝大多数听众都看得见、演讲者们摆姿势的身体动作，就是最好的无声的幽默。

演讲中的视觉幽默除了动作，还有表情。演讲中的"冷面滑稽"的表情就对产生幽默效果很有用。演讲者一本正经地、装傻卖呆地说出令人啼笑皆非的话语，表情却是严肃的，语言与表情在碰撞中达成强烈的幽默效果。如果说演讲中的动作要有一个限度的话，那么，演讲中的表情也要有个限度，挤眉弄眼、故作怪相，就不是演讲而是滑稽表演了。另外，演讲中的表情绝不能猥琐，因为，只有轻松而不失端庄，生动而不落俗套的表情，才能有助于演讲中幽默的达成。

拯救意外的幽默

演讲或是宣讲道理，或是阐述事实，或是表达观点，都不可能完全得到听众的赞同。演讲者有时会遇到一些意外情况，比如听众寥寥无几，有人故意捣乱，听众提出刁钻古怪的问题，听众反对演说者的观点等。

遇到这些情况，千万不能气馁、动怒、粗鲁对待，那样会使演讲遭到惨败。除了要胸襟豁达，要宽容善待，更要注意善于运用幽默语言的魅力，为自己的演讲创造继续下去的契机。

美国钢铁工会主席亚伯当选该职时，到一个城市去演讲，恰巧这个地方的大众一大半是反对他而投票给另一个候选人的。他并没有为身陷反对者的包围感到发窘，反而说："谢谢你们，要不是你们的支持，我不可能当选。"

在演讲中，幽默就像暖暖的春风，可以吹散人们心中的敌意，可以缓解人们内心的焦虑，缩短彼此间的距离，即使在不愉快中也能破除尴尬，制造出令人轻松愉快的心情。

有一次，林语堂在美国哥伦比亚大学讲授中国文化课，对中国文化大加赞誉。一位女学生不服气地发问："林博士，你是说，什么东西都是你们中国的好，难道我们美国没有一样东西比得上中国的吗？"

这是一个不好回答的问题，如果演讲者反过来赞扬美国，不利于演说的主题；如果严肃地表示美国不如中国，会引起在座学生的敌意。

林语堂只是轻松地回答："有的，你们美国的抽水马桶就比中国的好嘛。"

他的话引起哄堂大笑，气氛活跃而和谐，发问者对这一回答也无话可说。

在演讲中遇到听众有不同意见，不可漠然视之，如果不予恰当的处理，后面的演讲将难以顺利进行。有时演讲者还会碰到恶意的攻击或咒骂，如果演讲者勃然大怒或与之对骂，将损害演讲人的形象，使捣乱者的预谋得逞。而幽默能使激化的矛盾变得缓和，避免出现一些令人难堪的场面，化解双方的对立情绪，使问题得到更好的解决。

深受美国人民爱戴的美国前总统林肯的容貌很难看，这本来是讨人喜欢的一个障碍。林肯认识到这一点，但并没有回避它，反而利用它拉近了与人们的距离。

一次，林肯在台上演讲，他的竞争者在台下大喊说林肯是两面派。林肯抬起头，以平和的态度说："现在，让听众来评评看，要是我有另一副面孔的话，我还会戴这付难看的面孔吗？"

林肯用幽默体现了他的真诚，赢得了人们的理解，更表露了人们所需要的人性和人情味。

英国前首相威尔逊有一次在民众大会上演讲，遇到一些激烈的抗议，一名抗议者高声骂道："垃圾！"威尔逊镇定地说："先生，关于你特别关心的问题，我们等一会就讨论。"

他巧妙地将抗议者的谩骂转为现实生活中需要解决的一个问题，为自已解了围，并使会场气氛松缓下来。

幽默，不仅能缓解矛盾的冲突，还是心灵沟通的艺术。人们凭借幽默的力量，打碎自己的外壳，主动地与人交往，触摸一颗颗隔阂的心，通过幽默使人们感受到你的坦白、诚恳与善意。

丰富结论的幽默

结论是演讲最重要的部分之一，如果引言是你给大家最初的印象，那么结论就是你给人们留下的最后印象的机会，在决定听众能否记住你和评价你的演讲水平方面起着至关重要的作用。

鲁迅先生在结束《在上海中华艺术大学的演讲》时说："以上是我近年来对于美术界观察所得的几点意见。今天我带来一幅中国五千年文化的结晶，请大家欣赏欣赏。"

说着，他一手伸进长袍，把一卷纸徐徐从衣襟上方拿出，打开一看，原来是一幅丑陋的月份牌，顿时全场大笑。

鲁迅先生幽默的反语结合着恰到好处的动作表演，使演讲在欢快的气氛中结束，而且使听众在笑声中进一步品味演讲中的深意。

高层会议中，尼尔·拜伦是第18个演讲者，也是最后一个演讲者。他知道听众们已经厌烦了，于是他把自己长达五页的演讲浓缩为下面的几句话，也是他在这次演讲中唯一的几句话：

"感谢大家为我们的闭幕大会留下来，我当然希望保留到最后的是最好的。我的演讲主题是'如何在销售工作中保持持久的激情和耐力'。关于这个主题我不打算多说废话，因为大家只需要转过身去，与自己桌子对面的人交谈感受和意见就可以了，相信在座的切身感受会比我讲的深刻得多！"

会场疲惫的气氛一扫而空，与会的听众欣慰地把最热烈的掌声给了他。尼尔·拜伦深谙听众的心理，知道在这种厌倦的氛围里，无论多么动听的演讲都是白费，于是索性把主动权丢给听众，把演讲内容与听众切身感受结合起来，幽默风趣，简练有力。

　　并非凡是简短的演讲结束语都能取得好的效果。除了简短之外，还须内容精彩，寓意深远。这就尤其需要借助幽默的力量来达成。结论的最后几句要特别斟酌，让听众闻之终生难忘。可以依托会场的情境，找出与听众之间的一个情感上的联系点，让听众大笑，让听众思考，让听众站起来为演讲者而鼓掌。

　　罗纳德·里根曾经在一个不寻常的时间空档——午宴之前发表过讲话，他的最后两句话很巧妙："感谢你们，下面是你们期待从我嘴里听到的话：'我们吃饭吧！'"

第七章 偷用技巧换幽默

　　在生活中，我们需要与他人进行适当的沟通和交流，而幽默的语言往往能更好地表达我们的思想，所以，我们必须掌握一些技巧和方法。技巧和方法，是构建幽默资本大厦必不可少的砖瓦。掌握了一些幽默技巧和方法，将使你在交往中更加如鱼得水，可以让你变得灵活机智，为自己的人生增添更多乐趣和成功。

机智聪明的幽默

请记住这样一句名言："如果你想征服这个世界，就必须学会幽默，使这个世界更有趣，使自己充满生机活力！"

幽默的力量是以愉悦的方式表达出来的，能够使生活变得健康、活泼，使人生富有创意和诗意。幽默从机智出发，但超越了单纯的机智，使机智达到可以表现更高力量的境界。

有一天，德国大诗人歌德在公园里散步，在一条狭窄的小路上，他恰好遇上了一位强烈反对他的批评家。这位傲慢的批评家扬起下巴说："你知道吗？我这个人从来不给傻瓜让路！"歌德却说："而我恰恰相反。"说完闪身让出一条路让批评家过去。

幽默不是每个人生存的"必要条件"，但每一点幽默的出现，就像树林中掠过阵阵清风，不仅有灵动感，而且还给人富有生机活力的感觉。

当一个人浑身充满幽默的力量，善作趣味思考的时候，即使他有着令人不满意的身体特征，也会变得更加容易被人接受。

有一位男教师身材矮小，当他在新学期第一次走上讲台时，学生们有的面带嘲讽，有的冷眼旁观，更有甚者则交头接耳、当众取笑。

面对这样的情况，这位老师扫视了一下大家，然后风趣地说："我出生的时候，上帝对我说过，现代人类没有合理计划，总是追求身高上的盲目发展，这将产生严重的后果，我警告无效，你先去人间做个示范吧！"同学们哄堂大笑，为老师的坦然和自信而折服，继而鸦雀无声地认真听课。很显然，他们都被老师幽默中透露出的自信所折服了，已经忽略了他身材上的缺陷。

具有幽默感的人都有一种出类拔萃的人格，能清楚地认识到自己的力量，独自应付任何艰难的窘境。在领导者的交锋中，幽默比不幽默更有力量，能化难为易，变尴尬为主动。幽默使领导者具有人格亲和力，也使领导者更有力量。

这，就是幽默的力量！也许我们不能像演讲家那般能言善辩，也不如杰出领导人那样不亢不卑，但我们却可以时时去转动一把语言的钥匙——机智的幽默，为我们的生活增添光彩！

简洁明了的幽默

在社会交往中，富于社交能力的人，就要有驾驭语言的功力，就要会自如地运用多种语言表达方式，不断探求各式的语言风格。有时要直言不讳，有时还非得含蓄委婉、简洁精练些不可，才能使其效果更佳。

美国有一位传奇式的篮球教练，叫佩迈尔。他带领的迪泡尔大学篮球队曾获得 39 次国内比赛的冠军，使球迷们为之倾倒。这其中有一年，他的球队蝉联 29 次冠军后，遭到一次空前的惨败。比赛一结束，人们把他围个水泄不通，问他这位败军之将此时此刻有何感想，他微笑着，不无幽默地说了一句话："现在我们可以轻装上阵，全力以赴地去争夺冠军，背上再也没有冠军的包袱了。"

两度竞选总统均败在艾森豪威尔手下的史蒂文森从未失去过他幽默的一面。

在他第一次荣获提名竞选总统时，他向记者承认自己的确受宠若惊，并打趣说："我想得意扬扬不会伤害任何人，也就是说，只要人不吸入这空气的话。"

史蒂文森用他的诙谐含蓄的语言赢得了人们对他的尊重，他虽然失败了，但在人们心中他俨然是个赢者。

社会交际中说话不仅要委婉含蓄，还要言简意赅。在一般情况下，没有必要滔滔不绝、长篇大论。例如人们会把冗长的演讲称为"马拉松式"的演讲，这种演讲往往不能使听众受益，还浪费了自己以及他人的大量时间；即便是言之有物，你的滔滔不绝也往往使听众抓不住演讲重点，并且感到烦闷。

美国著名幽默作家、演讲家马克·吐温生平最头疼冗长的演讲。有一次，他在教堂里听牧师演讲，开始几分钟，他还听得津津有味，感到演讲很有说服力。于是准备在募捐时将口袋里的钱悉数掏出。可是过了 10 分钟，牧师还没有讲完，他就改变了主意，决定给自己留下整元的钱，而只给牧师一些零钱。又过了 10 分钟，牧师还未讲完，于是他决定一分钱也不捐了。

这篇趣闻对喜好长篇大论"马拉松式"说话者是绝好的揶揄和讽刺。所以，演讲要掌握技巧，在不宜多说的时候，要长话短说，而三言两语往往也能够收到很好的效果。

善于演讲的人会寓庄于谐，寓教于乐。注重据实讲理，但又不乏风趣幽默。他们常常用生动的语言、贴切的比喻，把复杂深奥的问题讲得简明通俗，使人心领神会；用风趣幽默的谈吐方式启发教育对方，活跃气氛，甚至进行警告、批评，都能收到极佳的效果。

幽默的话语，往往有助于人们在轻松的氛围里理性认识世界。讥讽的幽默，是通过对丑的否定间接地肯定美；肯定的幽默，是用愉快、欢悦的感情来肯定美。使用幽默的语言，会产生一种神奇的效果，使僵局冰释，使一个窘迫难堪的场面在笑语中消逝。

巧作类比的幽默

类比推理被誉为"科学出现的仙杖"。其实在言语交际中，它也大有用武之地。人类的语言系统极其复杂，又带有一定的模糊性，交际言语中运用类比会使其更加灵活，更容易达到预期目的。

作家刘绍棠一次到某大学讲演，对于学生们提出的各种问题他都给予坦率的解答。一位女学生递上一张纸条问道："既然文学要真实地反映社会生活，那你为什么总唱赞歌，不唱悲歌呢？难道社会没有阴暗面吗？"

面对这一尖锐的问题，刘绍棠想了想，问那位女生："你喜欢照相吗？"见女生直点头，刘绍棠反问道："你脸上有光滑漂亮的时候，也有长疮疤不干净的时候，你为什么不在脸上生疮疤的时候去照相？"这一问，引得周围的人都情不自禁地笑了。

刘绍棠对于对方提出的颇有难度的问题，没有急于作答，而是提出一个对方感兴趣的问题，然后进行反问，把文学作品的表达与青年人的照相巧作类比，言简意明，风趣诙谐，把自己的观点寓于类比中，让人豁然开朗，终身不忘。

在日常生活中，对于有些人的提问，正面回答极易落人俗套，也不能满足提问者的口味，聪明者往往漫不经心地似答非答，然后引对方入"圈套"，巧作类比，占据主动，让对方折服。

一次记者招待会上，有一名新闻记者问萧伯纳："请问乐观主义者和悲观主义者的区别何在？"这是一个范围很大且很抽象的问题。如果要从理论上做出一个准确的回答，恐怕得费好大劲儿也不一定能令对方满意。

萧伯纳脑子一转，说："假如这里有一瓶只剩下一半的酒，看到这瓶酒的人如果高喊：'太好了，还有一半！'这就是乐观主义者；如果悲叹：'糟糕，只剩下一半了。'那就是悲观主义者。"在这里，萧伯纳巧妙地使用"以偏概全"的方法，选择了一个生动的事例，化大为小，回答得轻松自如，不仅颇有幽默感，而且令人回味无穷。

随机应变的幽默

幽默，不是深思熟虑的产物，而是随机应变，自然而成。幽默往往与快捷、奇巧相连。

开往日内瓦的列车上，列车员正在检票。一位先生手忙脚乱地寻找自己的车票，他翻遍口袋，终于找到了。他自言自语地说："感谢上帝，总算找到了。"

"找不到也不要紧！"旁边一位绅士说，"我到日内瓦去过20次都没买车票。"

他的话正好被一旁的列车员听到，于是列车到日内瓦车站后，这位绅士被带到了拘留所，受到严厉的审问。

"您说过，您曾20次无票乘车来到日内瓦。"

"是的，我说过！"

"您不知道这是违法行为？"

"我不这么认为。"

"那么，无票乘车怎么解释？"

"很简单，我是开着汽车来的。"

这位先生能巧妙地随机运用幽默为自己开脱，列车员能拿他怎么办？这就是幽默的力量。

事事都求"自然成文"为好，幽默也是如此。有准备的幽默当然能应付一些场合，但难免有人工斧凿之嫌；临场发挥的幽默才是最精粹、最具有生命力的，也是最难把握的至高境界。

俄国学者罗蒙诺索夫生活俭朴，不大讲究穿着。有一次，有位衣冠楚楚但又不学无术的德国人，看到他膝盖部位有一个破洞，便指着那里挖苦他说："在这个破洞里，我看到了您的聪明才智。"罗蒙诺索夫毫不客气地回敬："先生，从这里我却看到了另一个人的愚蠢。"

德国人借衣服破洞，小题大作、贬损别人，反映了他的无耻和恶劣的品质。罗蒙诺索夫抓住这点，机敏地选择了与聪明相对的词语"愚蠢"，准确地回敬了对方，使其自食恶果。

幽默的智慧绝无哗众取宠、故弄玄虚之嫌，无论是情感的流露，还是自信的表述，无不是随机应变，嫁接自然，使人在轻松自然中领悟其中的真谛。

从以上例子我们可以看出，随机应变的幽默也要借助其他一些事物。罗蒙诺索夫借助的是膝盖部位衣服的一个破洞，下面这个例子中，幽默的制造者则是借助了自己的职业。

英国作家狄更斯爱钓鱼。有一次，他正在一条河里钓鱼。一个陌生人走到他跟前问："先生，您在钓鱼？"

"是啊，"狄更斯毫不迟疑地回答，"今天钓了半天了也没一条鱼上钩；可是在昨天，也是在这个地方，我却钓到了15条鱼！"

"是吗？"陌生人问，"那你知道我是谁吗？我是这条河的管理人员，这段河面上是严禁钓鱼的！"说着，那陌生人从口袋里掏出一本发票簿，要记下眼前这个垂钓者的名字并罚款。

见此情景，狄更斯连忙反问："那么，你知道我是谁吗？"

当陌生人惊讶之际，狄更斯直言不讳地说："我是作家狄更斯。你不能罚我的款，因为虚构故事是我的职业。"

狄更斯在这里用变而又变的幽默手法，表现出了非凡的灵敏和机智。

幽默是一种生活艺术，更是一种智慧的表现。幽默从机智出发，赋予

机智以新的动力，同时也对幽默自身的意念、态度和手法产生了影响。当
机智在幽默中以其理性姿态出现时，则构成了机智性幽默这一新生物。

故作糊涂的幽默

　　智慧有时候隐藏在假装糊涂的幽默中。在一些特殊的场合，我们常常
会碰到一些意想不到的事情，处理不好着实使人万分尴尬。遇到这种情况，
想要化解难堪，不妨假装糊涂，幽默应变。

　　在待人处世中，有时不妨运用"秀才遇到兵，有理说不清"的策略，
故意使用对方所无法理解的语言，同时也故意装作听不懂对方的语言，让
对方在与你沟通时产生挫败感，并激发对方的火气。故意装傻，误解对方
的意思，扭曲对方的意思，他说他的"阳关道"，你说你的"独木桥"，
这样来往几个回合，在对方思维混乱时，你便可以寻找突破口，巧妙应答。

　　真傻的人是简单的，装傻的人是复杂的。装傻的人大都历练颇深，有
丰富的人生经验，他们把自己的睿智伪装起来，利用装傻适时反击，取得
特定条件下的幽默效果，并能不动声色地解决问题。这种方式看似简单，
实则体现的是聪明，甚至是大智慧。

　　人际交往中，要充分利用这种时机，傻得可爱，"疯"得恰到好处，
发挥大智若愚的幽默力量取得交际的成功。

　　某小镇上有一个小男孩，他是一个文静而怕羞的孩子，人们却把他看
成一个傻瓜，喜欢捉弄他。他们经常把一枚5分和一枚1角的硬币扔在他
面前，叫他随便捡一个，小男孩总捡那个5分硬币，于是人们哄然大笑，
纷纷嘲笑他。

　　一位好心人问他："难道你不知道1角要比5分值钱吗？"小男孩悄
悄地说："当然知道。不过，如果我捡了那个1角硬币，他们就再也没兴
趣扔钱给我了。"

　　这就是大智若愚的真实写照。

　　在与人谈判时，可以装作没有听到或没有听清楚对方的话，或者装作
没弄懂对方的意思，以巧避锋芒，避免尴尬。通过装傻来打击、转移对方

的谈判兴致，使之无法继续设置窘迫局面，从而化干戈为玉帛，并能够寓反击于无形，不战而屈人之兵。这种方式往往被一些谈判高手使用。

没有人期望自己愚蠢呆笨，但是愚和智从来都是相对存在的，二者可以相互转化，其中的分寸把握充分体现着人生的智慧。

深受美国人民爱戴的老罗斯福总统有许多生理缺陷：牙齿参差不齐，讲话时声音含糊不清……老罗斯福并未因此而气馁，针对自己的缺陷一一加以改正，如果实在不能改变，就巧妙地加以利用。他在演说中巧妙地利用自己沙哑的声音和暴露在外的牙齿，还利用自己那打桩工人的姿势，使演说获得了成功。

大智若愚的表现是不处处显示自己的聪明，做人低调，从来不向人夸耀自己、抬高自己，做人的原则是厚积薄发、宁静致远，注重自身修为、层次和素质的提高，对于很多事情持大度开放的态度，有着海纳百川的境界和强者求己的心态。就像玉坯一样，多年的积累所铸就的往往是绝代珍品。

巧用修辞的幽默

语言中的修辞手法除了能使深奥的语言变得浅显、枯燥的语言变得生动外，往往还有"话外之音、言外之意"，所以人们常常用此法来制造幽默。

很多人在与人讲道理时，往往是不经意触动了对方的自尊和利益，从而火上又浇油。倘若我们能另辟蹊径，改变说话的方式，使用修辞手法来点精妙的幽默，那么说话效果会完全不同。

比喻是搞笑的重要方法，其主要功能是语言的形象性。那些使人感到别致、出乎意外、乖巧的比喻都是产生幽默滑稽的最佳材料。

在某次合作签约的庆祝会上，双方的总经理频频祝酒。一旁的公关部主任站起来，对双方的合作进行了一番令人叫绝的介绍："我们两家公司，一家在海南，一家在河南，可以说是'南南'合作"。

"各位知道，我们两家公司的'南南'合作是联谊发展的姐妹连体。我们相连、相助、相合。今天刚好是七月七，喜鹊已经把天桥架通，愿我们天天都在七月七度过。"

公关部主任这番话，巧妙运用了"合作""连体"等比喻，生动地道出两家公司配合默契的联合，并对发展前景做了愉快的预测，寓意十分深刻。

引用是一种修辞格，在特定的环境下引用别人的话语或成语、谚语、格言，可以达到幽默的效果。每一句话都有它产生的场合和特定的思想和内容，虽然是同样的语言，场合变了，思想和内容也会跟着起变化，就会产生幽默。

修辞用得恰到好处，则语言准确简练，一语千钧、增添力度；用得多了滥了，就会令人生厌，流于肤浅和滑稽。要把适应交际题旨、适应具体情境作为交际原则，灵活运用语言，以求达到交际目的和生动活泼的表达效果。

修辞作为幽默语言中的调味品，目的在于运用中把握，如何提高幽默的表达效果。但也要注意用得得体，不同的言语交际对象，言语修辞就必须有所区别。中国人常把喜鹊作为吉庆鸟，把乌鸦、狗看作不吉利、坏东西的象征。而在南斯拉夫则把喜鹊同"饶舌人"联系起来，缅甸则把乌鸦视为"神鸟"，西方国家把狗看作"最忠实的朋友"。

借用夸张的幽默

夸张，是为达到某种表达需要，对事物的形象、特征、作用、程度等方面着意扩大或缩小的修辞方式。夸张不同于吹牛，吹牛只是简单地吹嘘自己的能力，而夸张则要故意扩大或缩小客观事物，但却使人仍感到真实而合理，达到幽默的效果。

一个房地产经纪人领着一对夫妇向一栋新楼房走去，一路上他为了推销房子，一直喋喋不休地夸耀这栋房子和这个居民区。

"这是一个多么美好的地方啊，阳光明媚，空气洁净，鲜花和绿草遍地都是，这儿的居民从来不知道什么是疾病与死亡。"就在这时，他们看见一户人家正在忙碌地搬家。这个经纪人马上说："你们看，这个可怜的人……他是这儿的医生，竟因为很久一段时间都无病人光顾，而不得不迁往别处开业谋生了！"

　　与人交流时，用夸张的说话方式巧妙暗示，容易产生特殊的幽默效果，既不伤和气，又表达出自己的看法和意图。并且夸张制造出来的幽默，往往带有讽刺意味。

　　一群人围在广场上，中间躺着一个小男孩，蜷缩在地上，痛苦地呻吟着，原来他吞了一枚10英镑的金币到肚里。围观的人眼看孩子痛得不行了，都急得不知如何处置。这时，从人群中走出一位先生，他走到小孩身边，抓住小孩的腿，把他倒提起来，猛力地摇晃了几下，忽然听到"呼"的一声，那枚金币从小孩子的嘴里喷了出来，围观的人舒了一口气。一位旁观者问那位先生："你是医生吗？""不！"那人回答，"我在税务局工作，叫花子见到我都逃。"

　　夸张幽默这种方式也经常被名人运用，以凸显自己的立场、观点，甚至针砭时弊，惩恶扬善。

　　一个初学写作的青年，给马克·吐温写了封信说，听说鱼骨里含有大量磷质，而磷质能补脑子，那么要想成为一个作家，就一定得吃很多的鱼了。

　　他问马克·吐温："你是否吃了很多的鱼，吃的又是哪种鱼呢？"马克·吐温在回信中告诉他："看来，你要吃一对鲸鱼才行。"

　　鲸鱼可以说是最大的"鱼"，这里的夸张已经达到了极限，甚至荒谬的程度，却收到了良好的幽默效果。

　　里根竞选加州州长时，针对当时加州的经济情况，对物价上涨加以猛烈抨击，他说："夫人们，你们都知道，最近当你们站在超级市场卖芦笋的柜台前，你们就会感到吃钞票比吃芦笋还便宜些。"还有一次，他说："你们还记得当初你们曾经认为没有什么东西可以代替美元吗？而今天美元却真的几乎代替不了什么东西了！"

巧设悬念的幽默

　　一个好口才的人，一定是一个风趣幽默的人；一个风趣幽默的人，要想在社交中如鱼得水，得到更多人的帮助，请多多使用"设置悬念"这种幽默方式吧！

古人说："文人看山喜不平。"人们对会说话的人评价多是："看，他多幽默。""看，他一开口就妙语连篇，和他说话总让人有意想不到的发现。"这就是设置悬念表现出来的效果。

设置悬念要巧妙，要顺理成章，做好铺垫，引人入胜，最后一语道破玄机，否则就有故弄玄虚之感。巧设悬念就好像相声里的"设包袱"，用跌宕起伏的情节深深吸引住他人，最后再"抖包袱"，起到画龙点睛的作用，让人感觉到强烈的幽默效果，从而达到自己的目的。

悬念设的好，设的妙，除了知识要渊博外，更重要的是思想要深邃旷达。博识给"悬念"提供了丰富的"语料"，而睿思则保证了其质是"钻石"而不是"瓦砾"，是"珍珠"而不是"鱼目"。它雅而不俗，艳而不妖。一个善于吊人胃口的人，无论走到哪里都会受人欢迎的，令人在舒心的笑声中，感受到高品位精神文化的滋润，在愉悦中认同并接受你的意见。

李明最近工作非常繁忙，已经好多天没有和妻子坐在一起吃团圆饭了。一天晚上李明加班到9点多，工作一天有点累并有点烦。回到家中发现妻子还没有睡，在等他。"李明，我可以问你一个问题吗？"

"什么问题？""你一小时可以赚多少钱？""在这等我不去睡，就是为了这个问题吗？无聊。"李明生气地说。"我只是想知道，请告诉我，你一小时赚多少钱？"妻子几乎用哀求的口气问他。"你一定要知道的话，我一小时赚30元。"

"哦，"妻子低下了头，接着又说，"李明，可以借我10个一元的硬币吗？"李明发怒了："开什么玩笑，去睡觉吧。我很累，没时间和你闹着玩。"

妻子安静地回到卧室并关上门。过了一会儿，李明感觉自己是不是对妻子太凶了？或许妻子真的需要10个硬币。

李明走进卧室："你睡了吗？""还没，我还醒着。"妻子回答。"我刚刚可能对你太凶了，"李明说，"这是你要的10元钱，现在我没有硬币，明天你去换吧。"妻子开心地接过10元钱，然后从床头拿出存钱罐，倒出硬币一个一个地数着。

"你要这么多一元硬币干什么？"李明问。"这些钱都是从你开始做这个项目时存的，因为我知道你这次的任务很重，并且时间很紧，肯定会给你带来不少的压力，我一天存一个，一天一个愿望，希望你每天都能开开心心的，要这10元钱，我还有一个小小的请求。"李明被妻子的举动给逗笑了："什么事啊？""我可以用这30元钱向你买一个小时的时间吗？明天项目就完成了，我想和你一起到外面吃晚餐。"李明哈哈大笑："就这啊，我还以为是什么大事呢，没问题，明天我提前下班，咱们好好吃顿饭。"

这虽是一个小小的请求，却让这位妻子说得惟妙惟肖，风趣幽默。如果这位妻子在丈夫又累又烦的情况下说："明天你的项目就完成了，能不能和我一起到外面吃晚餐。"从当时的情况来看，李明不一定会答应妻子的要求。可在妻子的一番巧言妙语中，不仅让丈夫答应了要求，也让丈夫把烦恼抛之脑后，房间里充满了欢声笑语。

设置悬念也是需要技巧的，假如你迫不及待地把结果讲出来，或是通过表情与动作的变化显示出来，那就像煮饺子都煮破了一样，幽默便失去了效力，只能让人扫兴。

望文生"谐"的幽默

人类的语言博大精深，劳动人民在长期的生产劳动中创造出的丰富语言，不仅便利了人们的交际，具有使用价值，而且具有审美价值，散发着永久的艺术魅力。语言表意的准确性、丰富性、形象性，具有其他任何事物无法比拟的优势。

望文生"谐"在本质上与曲解经典是一致的，即只按字面意思去牵强附会，不探求其确切的含义，得到与原解释截然不同的结果，会使说话十分诙谐，充满幽默感。望文生"谐"法充分利用了人类语言的丰富含义，在强烈的不协调中形成幽默感，是一种巧妙的幽默技巧。

有一个聪明的小伙子，用一连串成语为自己的婚礼增添了许多欢乐。

小伙子姓张，新娘姓顾，他借两个人的姓，做了一次堪称经典的恋爱过程介绍："我是新郎，我姓张，我的新娘子姓顾，我们在还没有认识时，我是东'张'西望，她是'顾'影自怜。我们认识之后，我'张'口结舌去找她，她说她已经心有所属，我于是'张'惶失措，劝她改弦更'张'。在我的再三请求下，她终于'顾'此失彼，我大'张'旗鼓地追求她，她左'顾'右盼地等着我。时间久了，我便明目'张'胆，她无所'顾'忌。

于是我便请示她择吉开'张'，她也欣然惠'顾'。"

小伙子的调侃令大家喜笑颜开，满堂生辉，使整个婚礼弥漫在其乐融融的气氛中。

这种方法除了用于自我调侃之外，还可以在讽喻他人时使用。有些场合不便直接指出对手的错误，可以将计就计，利用字的谐音来制造"醉翁之意不在酒"的效果，既不会伤害对方的自尊，又能显示自己的魅力幽默。

传说李鸿章有一个远房亲戚，胸无点墨却热衷科举，一心想借李鸿章的关系捞个一官半职。他在考场上打开试卷，竟无法下笔。眼看要交卷了，便"灵机一动"，在试卷上写下"我乃李鸿章中堂大人的亲妻（戚）"，指望能获主考官录取。

主考官批阅这份考卷时，发现他竟将"戚"错写成"妻"，不禁拈须微笑，提笔在卷上批道："所以我不敢娶你。""娶"与"取"同音，主考官针对他的错字，来了个双关的"错批"，既有很强的讽刺意味，又极富情趣。

谐音是幽默语言技巧中常用的一种方式，即利用词语的同音或近音条件构成双重意义，使字面含义和实际含义产生不协调交叉。这种谐音双关以语音为纽带，将两个不相干的词义联系在一起，表达出或讽刺或嘲弄的幽默效果，使观者感觉酣畅淋漓。

有一位基层工人在公司员工大会上讲了一则寓言：

猴子死了去见阎王，要求下辈子做人。阎王说，你既要做人，就得把全身的毛拔掉。说完就叫小鬼来拔毛。谁知只拔了一根毛，这猴子就哇哇叫痛。阎王笑着说："你一毛不拔，怎么做人？"

员工的这则寓言表面上是在讲猴子的事情，实际却很幽默地暗指公司领导吝啬，"一毛不拔，不配做人"，讽刺性很强，却也幽默诙谐。

但这种方法至少需要一个前提条件，即对方至少要熟悉你所歪曲的经典的原意，同时对方的智力能够达到明白你是故意歪曲的。如果他达不到这种水平，把你的故意歪曲当作无意的错误，再来纠正你，那就必然导致幽默感的丧失。

大智若愚的幽默

大智若愚意思是拥有大智慧的人往往都表现得很愚钝。它实际上包含着一种韬光养晦的世故，是一种含而不露的大智慧，以自己的退让赢取回击的时机。人际交往中，要充分利用这种时机，傻得可爱，"疯"得恰到好处，发挥大智若愚的幽默力量取得交际的成功。

在与人谈判时，可以装作没有听到或没有听清楚对方的话，或者装作没弄懂对方的意思，以巧避锋芒，避免尴尬。通过装傻来打击、转移对方的谈判兴致，使之无法继续设置窘迫局面，从而化干戈为玉帛，并能够寓反击于无形，不战而屈人之兵。

没有人期望自己愚蠢呆笨，但是愚和智从来都是相对存在的，二者可以相互转化，其中的分寸把握充分体现着人生的智慧。

深受美国人民爱戴的老罗斯福总统有许多生理缺陷：牙齿参差不齐，讲话时声音含糊不清……老罗斯福并未因此而气馁，针对自己的缺陷一一加以改正，如果实在不能改变，就巧妙地加以利用。他在演说中巧妙地利用自己沙哑的声音和暴露在外的牙齿，还利用自己那打桩工人的姿势，使演说获得了成功。

大智若愚的表现是不处处显示自己的聪明，做人低调，从来不向人夸耀自己、抬高自己，做人的原则是厚积薄发宁静致远，注重自身修为、层次和素质的提高，对于很多事情持大度开放的态度，有着海纳百川的境界和强者求己的心态。

因势利导的幽默

每个人在社会交往中都应具备随机应变的能力，遇事要反应快，思维敏捷。中国人常说一句话："见什么人说什么话，到什么山唱什么歌。"
人有千姿百态，社会环境千变万化，在交往中要注意因人而异，因地制宜，
因场合和环境的氛围而善辩，引导事物向期望的好的方向发展。

楚昭王出征，败给吴国。在退兵路上掉了一只鞋，已走出几步的他又
回去捡起来。有士兵问："大王为何连只旧鞋也舍不得丢掉？"昭王说："它
和我一起出征，我不忍心将它抛弃。"这件事很快传遍全军。此后，楚军
在征战中，士兵再没有互相抛弃的。

昭王一个捡鞋行为为何影响如此之大？实际上昭王是利用不忍抛弃旧
鞋来启发士兵，大家并肩作战，要互不抛弃。这种方式会比直白的教育更
加有效。

萧伯纳的剧本《武器与人》首次公演获得巨大成功。观众要求萧伯纳
上台接受群众的祝贺。可是当萧伯纳走上舞台，准备向观众致意时，突然
有一个人对他大声喊叫："萧伯纳，你的剧本糟透了，谁要看？收回去，
停演吧！"

观众以为萧伯纳一定会气得发抖，谁知萧伯纳不但不生气，反而笑容
满面地向那个人深深地鞠了一躬，彬彬有礼地说："我的朋友，你说得很好，
我完全同意你的意见。"说着，他转向台下观众说："但遗憾的是，我们
两个人反对这么多观众有什么用呢？我们能禁止这剧本演出吗？"两句话
引起台下一片笑声，紧接着是观众给萧伯纳的暴风骤雨般的掌声。那个挑
衅者灰溜溜地逃出了剧场。

面对挑衅者的污蔑，萧伯纳若一味退让，有失面子，如与之争辩自己
的剧本如何完美，非但无济于事，反而会在观众心中留下孤芳自赏、自命
不凡的坏印象。萧伯纳此时充分展示了他的应变才能，巧用因势利导之法，
凭借观众对他的信任与支持，给予他的掌声和喝彩，把挑衅者推向群众的
对立面，使其孤立无援，狼狈而逃。

生活中如果充分利用语言技巧，即使是一些棘手的问题，处理起来也
会得心应手。若只会巷里赶猪——直来直去，那将既不能解决问题，有时
甚至招惹麻烦。在这种情况下，用幽默诙谐的语言"曲线进攻"、因势利导，
便是极好的方法。

传说古时候有个官员叫彭玉泉。一天，他经过一条偏僻的小巷。一个
女子正用竹竿晒衣，一失手竹竿掉在彭玉泉的头上，彭玉泉顿时大怒。这

女子一看是官员彭玉泉，吓得魂不附体。但她反应很快，马上镇定片刻，正色道："你这副凶相，活像行伍出身之人，所以蛮横无理。你可知道官员彭玉泉，清廉正直，要是我告诉他老人家，怕要处分你！"彭玉泉一听这女子夸奖自己，马上转怒为喜，心平气和地走了。

这位晒衣女子不慎冒犯官员彭玉泉，待彭玉泉正欲发火之时，没被吓倒，而是极有心计，采取以退为进的策略，从容地周旋，名为赞美心中的官员，实则指责彭玉泉的狭小度量，既达到了目的，又温柔有力地平息了彭玉泉的心头之火，让他转怒为喜，带着微笑满意地离开。

通俗易懂的幽默

所谓通俗易懂，就是说话要大众化，善于把一些较深的道理深入浅出地讲给别人听。所谓言随旨遣，是指语言表述形式要服从于内容和目的。说话人遵循言随旨遣的原则，即要求始终瞄准目标，密切注意信息的输出和反馈，控制好自己的话语表达，防止目标中途偏移。

在说话艺术中，幽默是运用意味深长的语言再现现实生活中喜剧性的特征和现象来传递某种特殊信息的一种表达技巧。生活中懂得风趣幽默的人，往往三言两语就妙趣横生，不仅使人忍俊不禁，而且能使人领悟到其中蕴含的智慧和哲理。

有一个单位组织退休老干部乘大客车外出旅游，上车时大家你谦我让，耽误了不少时间。开车后，一位老同志朗声打趣道："我给大家讲个故事助兴：有一位妇女，怀孕10年才生下一对双胞胎。问这对双胞胎为何迟迟不肯面世，他们说，根据礼节，年长位尊者应该先行，但他们两个不知谁是兄长，就这样互相推让了10年，把妈妈生孩子的事给耽搁了。"这番话引得车上的老干部们面面相觑，继而哄堂大笑。在后来的旅程中，大家不再刻意退让，大大缩短了登车时间。

幽默之中饱含讽刺，奇思妙想俯拾皆是，让人听后回味无穷。

幽默的话语，往往有助于人们在轻松的氛围里理性地认识世界。讥讽的幽默，是通过对丑的否定间接地肯定美；肯定的幽默，是用愉快、欢悦的感情来肯定美。使用幽默的语言，会产生一种神奇的效果，使僵局冰释，使一个窘迫难堪的场面在笑语中消逝。

幽默的讽刺，是将某种讥讽以曲折、含蓄的方式表达出来，使人领悟到其中深层次的含义。以这种方式代替直叙的表达方法，易被人接受，引人思考。

1967年6月，台北某学院举行毕业典礼，特别邀请林语堂先生参加，并请他即席演讲。安排在他前面的几位颇有身份的演讲者，似乎为了炫耀和卖弄自己的口才，演讲冗长乏味。轮到林语堂发言，他快步走到讲台，说道："绅士的演说应该像女人穿的迷你裙，越短越好。"说完就退下讲台。

此话一出口，大家先是一愣，几秒钟后，会场上"哗"地响起了哄笑声，而刚才还在台上口若悬河演讲的几位此刻却是面红耳赤如坐针毡。

林语堂先生不愧是语言大师，他的演讲非常精辟，巧用比喻，选择通俗而形象的喻体来说明自己的观点，婉转地批评了冗长的演讲习气。有人认为林语堂的比喻有伤大雅，实际上这正是林语堂先生诙谐、幽默的高明之处。信手拈来的一个比喻，语出惊人，夸张而又形象，更易给莘莘学子留下深刻的印象。

幽默更要讲究通俗易懂，言之有物。在有些场合，相同意思的话用幽默的语言来表达，效果迥异。诙谐暗讽中声东击西，有时言在此而意在彼，更能巧妙传达自己的想法，说服他人。

传说汉武帝晚年很希望自己长生不老。一天，他对臣子说："相书上说，一个人鼻子下面'人中'越长，寿命就越长；'人中'长一寸，能活一百岁，不知是真是假？"

东方朔听了这话，知道汉武帝又在做长生不老之梦了。汉武帝见东方朔脸色微变，似有讽刺之意，便喝道："你怎么敢笑话我？"

东方朔脱下帽子，恭恭敬敬地回答："我怎么敢笑话皇上呢，我是在笑彭祖的脸太难看了。"汉武帝问："你为什么笑彭祖呢？"

东方朔说："据说彭祖活了八百岁，如果真像皇上说的，'人中'就有八寸长，那么，他的脸不是得有丈把长吗？"汉武帝听了，也哈哈大笑起来。

在这个故事中，东方朔以幽默的语言、取笑彭祖的办法讽刺汉武帝的荒唐。东方朔的批驳机智含蓄、风趣诙谐，令正在发怒的皇帝也不禁要哈哈大笑起来，并且很愉快地认同。

有一对夫妻，妻子特别喜欢唱歌，但水平特别差，有时扰得丈夫无法休息，丈夫多次劝说也无济于事。有一天晚上，妻子又自得其乐地唱起了难听的歌，丈夫急忙跑到大门口站着，妻子不解地问道："我每次唱歌时，你干吗总是跑出去站在门口呢？"丈夫一字一顿地说："我这样做是为了让邻居知道，我并没有打你。"

妻子乍一听，毫不介意，可继而回味，却哭笑不得。这一段话意在说妻子发出的声音不是丈夫打她所致，意在讽刺妻子唱得难听，好似被打得惨叫一般。多么幽默，实在有过耳不忘、绕梁三日之效。

因势顺推的幽默

人们在听别人讲话的时候，都有一种不自觉的心理预测，说了上一句，他已经在预测你下一句要说什么。如果别人所讲果然"不出所料"，他会感到平淡无奇，甚至索然无味；如果所讲的内容竟然"出乎意料"，并令他感到新鲜奇妙，幽默感便应"话"而生了。有一段小品，便是利用这种方式达到幽默效果的。

男：前途是光明的！

女：对，前途是光明的，道路……

男：道路是弯的！

一时间台下的观众都不禁咧嘴笑了。按照通常的说话习惯，"前途是光明的，道路是曲折的"是脍炙人口的名言，当男演员说了前半句，大家心里不约而同地把下半句预测出来了。但是男演员后半句竟让大家"出乎意料"，说成了"道路是弯的"，意思没变，可书面语"曲折"突然变成了口语的"弯"，还是让大家"出乎意料"。

在讲话时，要有意诱导听话人，在语意突然转向中生出妙语，使其在听话中"出乎意料"，从而取得幽默的效果。运用这种方法，常常是先表述一种事物的多种情况，或者多种事物的一种情况，使听者心理上形成一种明确的语意趋势，然后突然转向，亮出与先前趋势不同的奇妙的意思，使人因感觉意外而发笑。

甲：当学生的，胸前的衣兜里插着钢笔。

乙：学习用具，必不可少。

甲：衣兜里插一支钢笔的，是……

乙：是什么人？

甲：是中学生。

乙：插两支钢笔的呢？

甲：是大学生。

乙：插三支钢笔的呢？

甲：留学生！

乙：那么，插四支钢笔的呢？

甲：那……那是个修理钢笔的！

听众自然是哄堂大笑。这段幽默也是利用了听话人的心理预测。学生胸前衣兜里插着钢笔，插的钢笔越多，学问越多，学历越高，层层递增，听众心理已经形成了递增的趋势，当达到"插四支钢笔"时，突然出现逆转性的反差——"那是个修理钢笔的"，乍一听"出人意料"，再一想却合乎情理，幽默效果分外突出。

第八章 | 提升魅力巧幽默

　　幽默是一种高深的说话艺术手段，能表事理于机智，寓深刻于轻松，运用得当时，既可提升个人品位，又可为谈话锦上添花，带给人轻松之余又深觉难忘。幽默的魅力，仿若空谷幽兰，你看不到它盛开的样子，却能闻到它清新淡雅的香味。每个人都会因年华逝去，生出红颜不再的喟叹，但岁月只能风干肌肤，幽默的魅力却不会减去分毫。

吸引众人的幽默

具有怎样特征的人才更吸引他人呢? 一般人会说出友善、热情、开朗、宽容、富有、乐于助人、幽默、有责任感、工作能力强等许多的特征,但相关专家提出:在这些所有特征中最重要的莫过于幽默了。这并不是说其他的特征不可贵,因为在人与人的交往过程中没有太多的机会展示那些特质。

假若把各种优良特质比作钻石的各个侧面,幽默感则是钻石直接面向我们的那一面,可以直接折射出智慧的光辉。

在古代,"桃李不言,下自成蹊"是为人称道的交往观念,意思是说:桃树、李树虽不说话,却因为它们的鲜花和果实而把人们都吸引过来,以至于树下都被踩出了小道。

在当今社会中,人与人的交往强调以吸引力为基础,即使你再优秀再能干,如果你不会"自我展示"也不太容易引起他人的注意。

在有限的时间和空间之内,哪怕是初次见面和一次晚餐上,幽默都能让你一展才华,从而给人留下深刻印象。

幽默的特征之一是温和亲切,富有平等意识和人情味。学会运用幽默的方式,能够提升你的个人品位和绅士风度。

巴顿将军由于职业和性格的关系,他对自己家庭的内部管理,也采取了准军事的模式,凸显巴顿的风格。

儿子的卧室,写的是"男兵宿舍";

女儿的卧室,写的是"女兵宿舍";

客厅,写着"会议室";

厨房,写着"食堂"。

那么,他们夫妻的卧室应该挂上一块"司令部"的牌子吧! 没有。那上面写的是——新兵培训中心。

能够在施展幽默时,保持平稳,有绅士风度,能够控制好各种情绪波动,将幽默的语言平淡地说出来,这是高手。因为越是这样越能和一般的幽默所产生的效果形成强烈反差。因此温和亲切，不仅能提升自己的品位和风度，更能增强你的语言幽默效果。

幽默能带给你意想不到的吸引力。你总是可以在幽默中发现睿智的光芒。思路清晰、反应敏捷、妙语惊人是具有幽默感的人的共同特征，他们总是可以从容地面对各种纷繁的场合，下面就以几个竞选的故事，来展现一下具有幽默感的人是怎样用其独特的魅力来保护自己，赢得胜利的。

造谣中伤在欧美官场上是常有的事：

加拿大的一位外交官斯却特·朗宁，生于中国湖北的襄樊，是喝中国奶妈的乳汁长大的。他回国后，在30岁时竞选省议员，当时反对派多次诽谤、诋毁他说："你是喝中国人的奶长大的，你身上一定有中国人血统。"

朗宁沉着地回击道："据权威人士透露，你们是喝牛奶长大的，你们身上一定有奶牛的血统。"

这真是绝妙的反击，同时又展示了他的机智，朗宁最终赢得了竞选。

约翰·亚当斯参加美国总统竞选时，共和党人指控亚当斯曾派竞选伙伴平克尼将军到英国去挑选四个美女做情妇。其中两个给平克尼，两个留给他自己：约翰·亚当斯听了哈哈大笑，说道："假如这是真的，那平克尼将军肯定是瞒过了我，全部独吞了！"

如果当时亚当斯怒不可遏指责对方的不义，不但不能解释清楚，反而会"越描越黑"。以幽默的语言作答，这种反击不是更加有效吗？最终亚当斯凭借着他的机智、才干和令人羡慕的幽默感当选了，并且成为美国历史上著名的总统。

光芒四射的幽默

一个具有幽默的人，对于别人也总是设身处地，推己及人；一个具有幽默的人，往往更能够欢欣乐观，笑对人生。

幽默是一种人生的智慧，体现着乐观积极的处世方式和豁达的人生态度；幽默是一种饱含情趣的素质，令人解颐、畅怀、回味和神往；幽默能使人的心情愉悦，谈笑风生，在社会交际中左右逢源，事半功倍。

幽默在生活中起着非同小可的作用。工作中，上司可能因为你的幽默而对你大加赞赏或提拔重用；面对爱情，你所追求的异性可能因为你的妙语连珠、诙谐幽默而对你青睐有加；在人际关系上，人们可能因为你大方得体的幽默而对你倍加赞赏，从而树立起自己的威信。

有一次，一个美国记者在采访周恩来时，看见他桌上放着一支美国产的派克钢笔。他以一种讥讽的口气问道："请问总理阁下，你们堂堂中国，为什么还要用美国的钢笔呢？"

周恩来淡淡一笑，答道："谈起这支派克钢笔，说来话长。这是一个朝鲜朋友的抗美战利品，他是作为礼物赠送给我的。我想，无功不受禄，就推辞。朋友说，留下做个纪念吧。我觉得有意义，于是就收下了贵国的这支派克钢笔。"

总之，无论在什么场合，无论身处何种境遇，幽默口才都会尽展其无穷魅力。

如果你想事业成功，你需要懂得幽默。如果你想展示自我，你应该学会幽默。如果你想光芒四射，你必须超越幽默。

风度翩翩的幽默

运用幽默，可以让语言达到"口吐莲花，舌绽春蕾"的效果。幽默可以用来自嘲，但更重要的是用来讽刺别人；可以用于防御，但更主要的是用于进攻。幽默用于讽刺，用于攻击，用于挑衅，之所以比其他方法更能显示出一个人的魅力和风度，是因为它不仅能以含蓄、婉转的力度达到最佳目的，而且在讽刺、攻击、挑衅时总伴随着温和，让人感到尖刻而不鲜血淋漓，让人觉得热辣而又不灼伤。

在一次宴会上，一个肥胖的资本家笑着对萧伯纳说："哈罗，萧伯纳先生！我一见到你，我就知道目前世界上正在闹饥荒。"萧伯纳不紧不慢地说："先生，我一见到你，就知道了世界正在闹饥荒的原因。"

本来是一件容易让人陷入尴尬的事情，如果这时埋怨或者置之不理都会令人不快，而运用幽默获得了出奇制胜的效果，而且显露了萧伯纳先生的机智和风度。

几个朋友交谈，急性子的甲总是打断乙的话，使乙无法完整地表达出意思。这时乙站起来说："对不起，说话要排队，请不要中间插队好吗？"

这句话把大家的注意力都吸引到乙身上来了，甲发现乙抢了他的风头急中生智，也来了一句："请不要扳道岔！我现在重播一遍自己的观点。"

这时甲便也运用幽默的力量表现了自己，扳回了一局。可是乙又接着说："那好，我也把自己加了着重点符号的意见再说一下。"

在这样的层层幽默的推进下，不仅在场的每一个人都受到了感染，甲乙二人也在互动的幽默中展现了自我的非凡魅力。幽默不是以居高临下的超然态度来讥讽他人，而是在嘲笑他人的同时，又倾注了对包括自己在内的人类可悲本性的哀怜，它表现出的更是一种风度。

只要你有足够的机智和智慧，懂得如何随着情境的变化而进行幽默，那么，生活中的每一个瞬间都是你表现自我的舞台。

在当代家庭中，丈夫的事业，常需要妻子出面帮衬，以求事半功倍之效。

有一位丈夫，常在晚上把客商带到家里来，让妻子准备饭菜，边吃边谈生意，不到夜深人静不收场。时间一久，妻子吃不消了。尤其有了小孩之后，又操持家务又带孩子，女主人被疲劳压得透不过气来。

后来，她想出了一个好办法，就近找了家小饭馆，丈夫把客人带来时，妻子也出面接待，入席坐定后，她还为每个客人夹菜，一边笑着说："希望筷子的双轨，能给各位铺出一条财路！"

然后说明自己要回家照顾孩子，转身告退。

这位贤内助美好得体的举止，赢得了客人的欢迎，也博得了丈夫的满意，因为她很好地表现了自己。

要想运用幽默手段表现自我，重要的是要懂得临场发挥，抓住每一个机会为自己所用。像上面的例子就是如此。

幽默是展现自我魅力的极佳方式，只有具有幽默感的人才能在社交场合处处赢得他人的青睐和喜爱。

在美国一个大饭店里，侍女在为一位顾客端上来一份芥末土豆糊时，顺便问道："您是干什么的？"

"我是葡萄牙国王。"

"噢。这个工作倒不错！"

　　这位侍女的幽默，将当国王看作一项工作，把自己上升到了和国王平起平坐的地位，很好地表现了自己。

备受瞩目的幽默

　　生活中，总有一些人，无论走到哪里，都会成为人群中的焦点，将别人的眼球自然而然地吸引过去，这不是因为他们长相俊美，也不是因为他们穿着高贵，而是因为他们的幽默谈吐所散发出来的独特的魅力。

　　美国著名音乐指挥家和风琴手马尔科姆·萨金特，为古典音乐在年轻听众心目中的复活尽了很大的努力。

　　在他70岁诞辰时，一个采访者问他："您能活到70高龄，应该归功于什么？"

　　"嗯，"指挥家想了想说，"我认为必须归功于这一事实，那就是我一直没有死。"

　　第二天，当报纸刊登出这一新闻之后，很多原本没关注他的人也开始打听起他的消息来。

　　幽默就是具有如此的魔力，一个有幽默感的人，不仅能给自己带来乐观的生活态度，还能够给周围的人带来欢乐，因而备受他人的关心和瞩目。

　　在一名歌星举办的演唱会上，主持人问她："请问，我能知道你的年龄吗？"

　　歌星回答道："年龄是女人的一个秘密，因而，我不能将它泄露给你。"

　　主持人接着又问道："那么，请问你有男朋友了吗？"

　　歌星笑着答道："虽然这也是一个秘密，但是我可以告诉你，你还有机会。"

　　歌星并没有直接地回答主持人的问话，而是在幽默的谈笑中，说出了自己还没有男朋友的事实。显示出明星活泼开朗的性格和机智幽默的口才。

　　在与他人的交往中，一个小小的幽默故事，或者一两句风趣的玩笑话，就能让你吸引众人的目光，让他人更愿意与你接近。幽默让你的语言独具特色，无论多么大的场合，无论有多少人在场，运用幽默，你都可以迅速地成为人群中的焦点。

赵伟和几个好朋友在一起聊天，赵伟一直想把自己心中的经验拿出来与朋友们一起分享。但是，吴楠却是个急性子，每次都是赵伟刚开了个头，吴楠便急着插进话来。

赵伟见状，站起来说道："楠子，说话跟买票一样，都是要排队的，请不要在中间插队好吗？"

听了这句话，大家都哈哈大笑起来，大家的注意力都转移到了赵伟身上。

本来赵伟想成为人群中的目标，可没想到却被吴楠抢了风头。但是，赵伟并没有发火或者指责吴楠，而是巧妙地用一句幽默将焦点再次转移到了自己身上，既达到了目的，也不伤害与吴楠之间的感情，同时让周围的人更加敬佩赵伟的睿智。

幽默就像春风一样，能够吹绿荒芜的心灵，让人觉得轻松愉悦，是极易拉近彼此关系的导线。如果你想在人群中备受瞩目，成为焦点，那么就赶快学一学幽默吧！

展现风范的幽默

幽默，只有扎根知识的沃土，饱吸知识的营养，才能茁壮地成长起来。所以，一个幽默高手，一定要提高自己的知识修养。幽默也是一种修养，一门学问。知识是幽默的沃土，幽默是知识的产物。广博的知识使幽默得心应手，左右逢源。

我们看下面一个例子：

两个乡下财主站在村头说私房话儿，农夫老田见了，同他们打过招呼就走了。忽然，其中一个财主喊道："嘿！老田，站住！"

农夫站住了，对匆匆赶来的瘦财主说："您有什么事儿？"

瘦财主喘了喘气无中生有地说："你打断了我们的话把子，赔三石谷，折合洋钱五十块，必须三日之内交清。"

老田回到家里，愁眉苦脸，茶饭不进。他的妻子问怎么了，老田照实说了。他的妻子就说："这有什么可怕的？到时由我对付他！"

到了第三天，田妻叫老田上山打柴，自己便在家门口等着。瘦财主来了，劈头就问："你家老田呢？"

田妻不慌不忙地回答说："他上山挖漩涡风的根去了。"

瘦财主一听，喝道："胡说，漩涡风怎么还有根？"

田妻反问："那么，话还有把子吗？"

瘦财主无言以对，只得愤愤地走了。

幽默是建立在知识与经验的基础上，想成为一位幽默家，必须对古今中外、天南地北的历史典故、风土人情都有所了解，必须对天文地理、声光电化、文法哲经、名人趣闻都有所关注。

"世事洞明皆学问，人情练达即文章。"只有多读书多阅世，多积累知识，扩大知识面，懂得并熟练地按技巧操作，才能登堂入室，修成正果。

隋朝时，有个人很聪明，但说话结巴。官高气盛的杨素，常常在闲暇无聊的时候，把那人叫来说说笑话。

年底的一天，两人面对面地坐着，杨素开玩笑地说道："有一个大坑，深一丈，方圆也一丈，让你跳进去，你有什么办法出来吗？"

那人低着头，想了想，问道："有有有有梯子吗？"

杨素说："当然没有梯子，若有梯子，还用问你吗？"

那人又低着头想了想，问道："是白白白白天，还是黑黑黑夜？"

杨素说道："不要管是白天还是黑夜，你能够出来吗？"

那人说道："若不是黑夜，眼眼眼又不瞎，为什么掉掉掉掉到里面？"

杨素不禁大笑。又问道："忽然命你当将军，一座小城，兵不满一千，只有几天的口粮，城外有几万人围困，若派你到城中，不知你有什么退兵之策？"

那人低着头想了想，问道："有救救救救兵吗？"杨素说道："就因为没有救兵，才问你。"

那人又沉吟了一会，抬头对杨素说："我审审审慎地分析了形势，如像您说的，不免要要吃败败败仗。"

杨素大笑了一阵，又问道："你是很有才能的人，没有事情不懂得。今天我家里有人被蛇咬了脚，你能医治医治吗？"

那人应声答道："用五月端午南墙下的雪涂涂涂涂上就好了。"

杨素道："五月哪里能有雪？"

那人说："五月既然没没没有雪，那么腊月哪里有有有有蛇咬？"

这个人虽然说话不利索，但他头脑反应机敏，他用幽默把他的才华体现得淋漓尽致。

提高影响力的幽默

人的幽默感是心智成熟、智能发达的标志，是建立在人对生活的公正、透彻的理解之上的。理解生活应当说是高层次的能力，在此基础上，才能形成更好的生活能力。

俄罗斯有位著名的丑角演员尼古拉，在一次演出的幕间休息时，一个很傲慢的观众走到他的身边，讥讽地问道："丑角先生，观众对你非常欢迎吧？"

"还好。"

"要想在马戏班中受到欢迎，丑角是不是就必须具有一张看起来愚蠢而又丑陋的脸蛋呢？"

"确实如此，"尼古拉回答说，"如果我能有一张像先生您那样的脸蛋的话，我准能拿到双倍的薪水。"

傲慢的观众本想借此为难一下尼古拉，却反受到尼古拉巧妙而机智的还击。

通常从某种意义上说，培养自己的幽默感，也就是培养自己的处世、生存和创造的能力。有较强生活能力的人，通常也是一个有影响力和感染力的人。

一个人是否有影响力，在一定程度上取决于他是否具有幽默感，是否掌握了幽默的艺术。

著名诗人惠特曼是一个富于幽默感的人，而且他的幽默常常具有攻击性。也许，正是这种富于攻击性的幽默，更增强了他的影响力。

有一次，惠特曼在一次大会上演讲，他的演讲尖锐、幽默，锋芒毕露，妙趣横生。

忽然有人喊道："您讲的笑话我不懂！"

"您莫非是长颈鹿！"惠特曼感叹道："只有长颈鹿才可能星期一浸湿的脚，到星期六才感觉到！"

"我应当提醒你，惠特曼先生，"一个矮胖子挤到主席台前嚷道，"拿破仑有句名言：'从伟大到可笑，只有一步之差！'"

"不错，从伟大到可笑，只有一步之差。"他边说边用手指着自己和那个人。

一个掌握了幽默艺术的人，他的幽默语言和行为会一传十、十传百，成倍地扩展。如果幽默的语言行为中有他的思想、观点，那么，就会有很多人来传播他的思想、观点。幽默的涟漪或效果一旦产生，你所要传达的信息也随即被他人接受。无论他人是反对还是支持，至少他已了解了你的想法，于是你的影响便由此而产生。

歌德有一次出门旅行，走进一家饭馆，要了一杯酒。他先尝尝酒，然后往里面掺了点水。

旁边一张桌子坐着几个贵族大学生，也在那儿喝酒，他们个个兴致勃勃，吵吵嚷嚷，闹得不可开交。当他们看到邻座的歌德喝酒掺水，不禁哄然大笑。其中一个问道："亲爱的先生，请问你为什么把这么好的酒掺水呢？"

歌德回答说："光喝水使人变哑，池塘里的鱼儿就是明证；光喝酒使人变傻，在座的先生们就是明证；我不愿做这二者，所以把酒掺水喝。"

幽默，是一门魅力无穷的艺术。幽默用它特有的魅力吸引着无数人，使人们为之倾倒。世界各国的人都以其特有的方式体现着他们的幽默智慧。

意大利著名作曲家罗西尼听人说，他的一批有钱的爱慕者准备在法国为他建一座雕像。感动之余，他问道："他们准备花多少钱？""听说是1 000万法郎吧。"

"1 000万法郎，"罗西尼大为吃惊，"如果他们肯给我500法郎，我愿意亲自站在雕像的底座上！"

从上述这个例子来看，罗西尼的幽默又貌似看重500法郎，实际上是表达了对雕像的"淡漠态度"。如果罗西尼没有这样的谦恭，而是对用1 000万法郎做雕像欣喜若狂，也绝不会有如此的幽默的。

增添活力的幽默

一个具有丰富幽默感的人，他的生活是多面的，他通常好像有用不完的能力。而一个具有较强幽默力量的人，除了多方面的能力外，表现出来的还有充沛的活力和坚忍的意志。

我们翻开美国历史，翻到发明大王爱迪生的年代。爱迪生除了是科学家、发明家外，还是个商人。由于他的发明，我们的时代有了现代的电灯设备、照相机、复印机和电影等。这些还只是他充沛的活力贡献给人类的一小部分。更耐人寻味的是爱迪生是一个世人皆知的幽默家。

他小时候依靠幽默来应付困苦的生活，在火车上兜售糖果、点心和报纸。

有一次，火车上的管理员不耐烦地扯了他的耳朵，使他的耳朵聋了。但是他后来说："谢谢那位先生，他终于使我清静下来，不必堵着耳朵去搞实验。"

他一生中留下了许多不朽的、著名的幽默语言和行为，有的妙语传遍世界各地，令几代人永怀不忘。

在美国建立之初，人们就是依靠幽默的力量来应付并克服荒山野地的恐惧、拓荒生涯的艰苦和新大陆的挑战。

美国人不会忘记富兰克林。他不仅是总统，还是作家、发明家、政治家、军事家、外交家及哲学家。他那几乎可以称之为强大的幽默力量，活生生地存留在他的《可怜的查理》一书中。

具有这种幽默感的人，往往具有很大的创造力。

所谓创造力并不是指单纯地创造某件实体或某种规则。比如，只有缺乏把握的人，才会用规划和条例来确定自己的方向，这就相当于把自己当作一块橡皮或一枚回形针，以最有条理的方式存放在办公桌上。而真正的创造力应当属于在对某个问题尚未确立方案或答案之前，那是一个广阔的空间。你可以这样想，也可以那样想，所以它存在于开拓性的思维过程中。

例如，在没有找到最有效的开会方法或处理公文方法之前，我们仅以为开短会和压缩公文是创造性行为，其实不然。事实上我们仍然没有找到一条最好的解决问题的途径。我们制定开短会的规则,提出削减公文的措施,同时我们也丧失了创造更好的规则和措施的机会。

幽默可以使我们不失掉这些机会,至少是不会全部失掉这些机会。有人要求爱因斯坦解释他的相对论。当时,相对论还鲜为人知,爱因斯坦很为人们的漠视而苦恼。于是他这么回答:

"如果你和漂亮的女孩子在一起坐了一个小时,感觉上好像才过了一分钟;如果你坐在热炉子旁边一分钟,就好像过了一个多小时,那么,这就是相对论!"

没有解释艰深的理论,没有诉说创造过程中的种种困难,但是他以极通俗的话来表达他的伟大发现。这句话本身就创造了一个让人们对相对论产生兴趣的契机。

从这个意义上说,幽默是构成人的活力的重要部分,也是产生创造力的源泉之一。

女友到居里夫人家做客,忽见她的小女儿正拿着英国皇家协会刚奖给她的一枚金质奖章玩,不禁一惊,忙问:"居里夫人,这样一枚极高荣誉的奖章,你怎么能给孩子玩呢?"居里夫人却笑了笑说:"我是想让孩子们从小就知道,荣誉就像玩具,只能玩玩而已,绝对不能永远守着它,否则将一事无成。"

这正体现出一个人要永远充满活力,就必须不断地前行,居里夫人幽默的话语正是反映了这个观点。

魅力倍增的幽默

幽默感作为一种能力,一种展现个人魅力的手段,像其他技巧一样,是能够通过后天的努力而获得。它是随着人们阅历和知识的不断丰富以及对生活的不断认识而逐渐形成的。

自信、宽容、豁达、乐观的心理素质,是成为一个具有幽默感的人必备的素质。因为,只有这样的人才能正视现实,笑对人生,勇于战胜困难,从而取得胜利。幽默永远属于乐天派,属于生活的强者。

有人曾问萧伯纳，如何区分乐观主义者和悲观主义者呢？萧伯纳说："看到玫瑰，乐观者说'刺里有花'，悲观者说'花里有刺'。"

萧伯纳的卓见对我们认识幽默是很有启示的。生活中只有乐观主义者才会有幽默感。

美国哲学家乔治·桑塔亚那选定4月的某天结束他在哈佛大学的教学生涯。那一天，乔治在礼堂讲最后一课的时候，一只美丽的知更鸟停在窗台上，不停地欢叫着。许久，他转向听众，轻轻地说："对不起，诸位，失陪了，我与春天有个约会。"讲完便急步走了。

这句美好的结束语，具有相当的幽默感，充满了诗意。不热爱生活的人，无论如何也说不出这种富有哲理的幽默言语。

丰富的知识、广博的见闻是培养幽默感的又一个条件，它能使得幽默得心应手，左右逢源。

另外，敏锐的观察力和丰富的想象力也是形成幽默感的重要因素。只有具备敏锐的观察力，才能明察秋毫，捕捉住生活中稍纵即逝的幽默素材；只有具备丰富的想象力，才能从平凡的生活素材中，找到别出心裁的幽默构思。观察力和想象力的综合运用，是一种创造力的展现。

下面我们看两则实例，先看观察的例子：

主人请客人在家里吃饭，客人酒足饭饱后仍不想告辞。主人终于忍不住了，指着窗外树上的那只鸟对客人说："最后一道菜这样安排：砍倒这棵树，抓住这只鸟，再添点酒，现烧现吃，你看怎么样？"

客人答道："只恐怕没砍倒这棵树，鸟早就飞了。"

"不，不！"主人说："那是只笨鸟，不知道什么时候该离开。"这位主人的确具有丰富的想象力，幽默的语言脱口而出。

我们要想以乐观的心态面对社会，除了拥有渊博的知识、综合的能力，还要在平时多向别人学习。在与各种各样的人接触中，你会增加自己语言的库存和表达的才能。幽默，是一种酵母，跟幽默的人在一起待长了，自己也会受到"传染"，我们要有意识地多向有幽默感的人学习，多接近他们。

最后要做的是，切实训练，多行实践，在实践中运用，在运用中提高，你也能成为一个魅力非凡的幽默大师。

随意闲聊的幽默

　　闲暇交谈，是指完全为了消遣、娱乐所进行的交谈。交流的双方或多方能在轻松交谈中密切相互之间的关系，因其谈话氛围比较轻松，谈话过程中最适合也最容易融入幽默成分。闲暇交谈中可以充分利用重复、夸张、错置等各种幽默手段，尽显个人幽默风采。只是在和长辈、异性进行闲暇交谈时，要注意礼节和分寸，不要损及对方的尊严。

　　科学家、政治家等往往会给人一种理性刻板的印象，不过实际上，他们也往往是和蔼可亲的，在他们的言谈中，闲暇交谈的幽默俯拾即是。

　　著名科学家爱因斯坦风趣幽默。一次，由他证婚的一对年轻夫妇带着小儿子来看他。孩子刚看了爱因斯坦一眼就号啕大哭起来，弄得这对夫妇很尴尬。幽默的爱因斯坦却摸着孩子的头高兴地说："你是第一个肯当面说出你对我的印象的人。"

　　在晚辈来做客的轻松气氛下，爱因斯坦幽默的言谈并没有损及他自己的面子，反而活跃了气氛，使来看望他的这对夫妇能在一种轻松自然的气氛中和他交流，融洽了主客双方的关系。

　　一般情况下，在两个十分要好的朋友之间的闲暇交谈，运用语言善意地捉弄对方的方式较为司空见惯。比如朋友弄了个不伦不类的发型，你可以说："妙哉，此头誉满全球，对外出口，实行三包，欢迎订购。"

　　下面是一段朋友间的幽默对话：

　　一个男人对一个刚刚相遇的朋友说："我结婚了。"

　　"那我得祝贺你。"朋友说。

　　"可是又离婚了。"

　　"那我更要祝贺你了。"

　　朋友间往往无话不谈，因此能够产生幽默的话题也很多。如朋友普通话不好，把"峨眉山"，读作"峨毛山"，你就可反复"峨毛山"。朋友之间的闲暇交谈，有时候会用说大话的方式进行，这种方式也能产生很好的幽默效果。

一天晚上，小明和弟弟没事干，便吹起了牛。

小明说："我发现我现在有恐高症，都不敢低头看自己的脚！我也真是太高了。"

弟弟说："那算啥！今天我在外面坐着看书，突然有一架飞机从我耳边飞过，我一看，原来是一架波音777。"

夫妻间的交谈大多数属于闲暇交谈，即使是商讨某些事情，他们的交谈也往往带有娱乐性。此类交谈可以夹杂些幽默以调节气氛。

一位丈夫要到广东出差半年，妻子半开玩笑地对他说："你到了那个花花世界，说不定会看上别的女人呢！"

丈夫笑了，幽默地说："你瞧瞧我这副尊容，猪腰子脸、罗圈腿、小眼睛、大鼻子、扇风耳，走到人家面前，怕是人家看都不看一眼呢。"

说得妻子扑哧一笑。

丈夫轻松随意的自嘲，隐含着让妻子放心的意思，这比一本正经地发誓，更富有诗意和情趣。幽默的闲暇交谈，能营造出更加轻松随和的谈话气氛，促进交谈者推心置腹地进行交流。善说者一席幽默的话语，往往既活跃了气氛，又把两者之间的距离缩短，易于被人接受。

第九章 | 把握分寸悟幽默

在人际交往中，成功地运用自己的机智和口才，随机应变，可以化解矛盾，帮助交际者走出困境。轻松地幽默一下，可以营造一个愉快的氛围，但是，没有分寸，就会适得其反、伤害对方的感情，因此在表达幽默时，一定要把握好幽默的分寸和尺度。

恰当得体的幽默

现代社会高度重视社交，良好的谈吐则是社交中最重要的制胜因素，而恰当得体的幽默往往决定着一个人的未来，同时也能征服世界上最不可捉摸的东西——人的心灵。通过说话，陌生人可以变成朋友，熟识的人可以变成知己，相互嫉恨的人可以重归于好。不仅如此，把话说好还可以帮助人们摆脱困境，维护自己的尊严。现实生活中，一句话说得不妥而破坏了人际关系的良性互动，甚至导致事业失败的例子并不少见。在复杂的人际关系中，"成由口败也由口"，因此，说话得体就成了重中之重。

饱含幽默的语言，是一杯加了鲜奶的卡布奇诺，香气扑鼻。但鲜奶的量也要有个度，过多或者过少都会影响口感，因此幽默也要适度。

所谓幽默得体，包括适位、适人、适情、适时、适度五个方面，是指说话人要根据自己的身份，确定自己站在哪个角度、说些什么、怎么说，还必须遵循话随境迁、场合语境的原则，即无论是话题的选择，还是话语形式的采用等，都要根据特定场合的需要来确定。

要做到说话幽默得体，不造成负面效果，需要特别注意以下几点：

第一，注意倾听。在与人交流时，听是最重要的。必须做一个合格的听众，准确地接受对方所传送的信息，包括弦外和弦内的多重意思，不要放过任何细节，一定要将那些暗设的埋伏、潜隐的台词一股脑儿挖出来，只有做到这样，才能知己知彼。否则，别人的话刚说到一半，中心思想还没开始讲，你就急不可待地发表意见，那么，所说出的幽默的话就会离主题万里，达不到好的效果。

第二，三思而后言。要把别人的话进行整理，分清主次虚实，捡要紧的在脑子里过一遍，这样你才知道要说什么。此时还有一个非常重要的事儿要做：组织语言。意思是一样的，表达起来却相差千里，用什么样的词汇、句式、语气，必须心里有底，不然大口一开水泄千里，有口无心毫无遮拦，好话也要被说坏。该说和不该说、重说和轻说、直说和侧说、快说和慢说之间的辩证关系要弄清楚，否则覆水难收，后悔莫及。

第三，要切合对象。语言表达要切合听众，就得了解听众的性别、性格、职业、心理状态。否则，很有可能造成谈话不得体。

有位新局长宴请退居二线的老局长。酒过三巡，服务员端上来一盘炸田鸡。老局长看了看炸田鸡，用筷子点点说："喂，老弟，青蛙吃害虫，对人类是有益的，不能吃。"新局长一听，未假思索，脱口而出："不要紧。都是些老田鸡，'退居二线'了，不当回事了。"老局长听了这话，脸色大变。新局长本想幽默幽默，没想到伤了老局长的自尊，一时不知怎样解释才好。

这位新局长因为讲话不得体而让老局长不高兴。不得体的原因是没有根据听者的心理状态说话。这话要是跟年轻人说，大家肯定是一笑了之，但他说话的对象却是一位退休的老同志。老局长可能想到新局长是在"奚落"自己，自然会很生气。

第四，把握时机和场合。幽默说话一定要善于选择恰当的时机和场合。俗话说："言贵精当，更贵适时。"该说的时候没说，是坐失良机；不该说的时候说了，是操之过急。时机把握不好，即使你说得再精彩，也不会收到好的效果。因此，我们在说话时，应该注意与当时特定的场合相协调、相契合。

语言是具有共同意义的声音和符号，是人类沟通的主要桥梁。不管你生性多么聪颖，接受过多么高深的教育，穿的是多么漂亮的衣服，拥有多么雄厚的资产，如果你无法得体恰当地表达自己的思想，那么仍将一无是处。要想让别人喜欢自己，必须培养自己的说话能力，只有这样，才能打开人与人之间沟通的大门，彼此的心灵才会产生共鸣。

避其痛处的幽默

没有笑声的生活和没有幽默感的人都是无味的。在人际交往中，开个得体的玩笑，可以松弛神经，活跃气氛，创造出一个适于交际的轻松愉快的氛围，因而诙谐的人常能受到人们的欢迎与喜爱。但是，开玩笑要掌握好分寸，否则就很可能适得其反了。

其实，聊天中开玩笑的人动机大多都是友好的，但若不把握好分寸和尺度，就会产生不良后果，所谓"说者无心、听者有意"。因此，聊天开玩笑的时候千万要注意不要过了头。

电影《十五贯》说的就是因一句玩笑引发的悲剧。尤葫芦喜欢开玩笑，而他的养女苏戌娟却爱较真。一次，尤葫芦对养女开玩笑说："我已经把你卖了。"不料，苏戌娟信以为真，竟在夜里偷偷逃走了，跑得匆忙，忘了关门，正巧娄阿鼠前来行窃，杀死了尤葫芦。而苏戌娟却遭怀疑谋财害命而被捕下狱。

对于自己的亲人都不能随便乱开玩笑，对于同事或朋友就更是如此了。不要以为彼此关系不错，就可以随意取笑对方的缺点。你的玩笑话却容易被对方当成冷嘲热讽，很可能激怒对方，以致毁了两个人之间的友谊，或使彼此关系变得紧张。

开玩笑时要注意以下几点：

1. 态度要友善

开玩笑的过程是一种感情互相交流传递的过程，如果借着开玩笑对别人冷嘲热讽，发泄内心厌恶、不满的感情，那么除非是傻瓜才识不破。所以，一定要把友善作为开玩笑的首要原则。

2. 分清对象

同样一个玩笑，可能会逗得甲哈哈大笑，却会使乙感到气愤。毕竟人的身份、性格、心情不同，对玩笑的承受能力也不同。对方性格外向，能宽容忍耐，玩笑稍微过大也能得到谅解。对方性格内向，喜欢琢磨言外之意，开玩笑就应慎重。

3. 内容要高雅

开玩笑，如果没有知识与品格做支点，便会流于一般的低级趣味了。所以要特别注意玩笑的内容。健康、格调高雅的笑料，不仅给对方启迪和精神的享受，也是对自己美好形象的有力塑造。

4. 不能触及别人的隐私

每个人都有自己的秘密，都有一些压在心里不愿为人知的事情。在与别人的闲聊调侃中，哪怕感情再好，也不要去揭别人的短，把别人的隐私公布于众，更不能拿来当作笑料。

某公司老总年过五十，却娶了一位二十出头的年轻妻子，并且结婚才两个月，就生了一个小孩。这位老总为孩子摆满月酒，亲戚朋友都赶来祝贺。

老总一个要好的朋友也来了，这个人心直口快，而且很爱开玩笑。今天这种场合他也没有例外。

这位朋友为孩子准备的礼物是纸和铅笔，他亲自把礼物交给刚当上爸爸的这位老总，老总谢过了他，并且问："孩子才满月，现在给这么小的孩子赠送纸和笔，不太早了吗？"

"当然不早"，这位朋友笑着说："您的小孩儿太性急。本该九个月后才出生，可他偏偏两个月就出生了，再过五个月，他肯定会去上学，所以我才给准备了纸和笔。"他此话刚说完，全场哄然大笑，令这对夫妇无地自容。本来很好的朋友，从此断绝了来往。

中国有句老话说的是"祸从口出"，玩笑不能随便开，尤其不能拿别人的隐私开玩笑。否则你们之间的友情很可能就会戛然而止，也许在以后的生活中还会成为对头。真正聪明的人，懂得对他人的隐私持尊重的态度，要知道有些事只能点到为止，才能给自己也给他人留下一片自由呼吸的空间。

调侃时口不择言，对方很可能会认为你是有意跟他过不去，即使你是言者无意，但也难免听者有心，从此对你怨恨不已。所以，在制造幽默的时候，千万注意不要让你的玩笑碰到别人的痛处。

规避错误的幽默

幽默是人们崇尚和追求的一种语言境界，但是有的人很轻松地就掌握了幽默的秘诀，并运用得当。而有的人苦苦努力，还是没有达到预想的效果。其中很大的原因就在于，人们对幽默的理解有错误。

一般来讲，有以下四种常见性的错误需要规避。

第一，玩世不恭不是幽默。

幽默的谈吐，需要有正常的心理状态和健康的人生观来作为依托。有的人在人际关系中，肆意而行，不受任何约束。他们或者行为放荡、玩世不恭，或者自认为幽默，到处游戏人生。这种人生态度正是一种不健康人生观的反映。

而且玩世不恭并非幽默。幽默是一种对生活的积极态度，它与不严肃地对待人生，认为活着毫无意义是绝不相同的。玩世不恭对人际关系有非常消极的作用。

第二，滑稽洋相不是幽默。

漫画家方成曾经说过："幽默要有所含蓄，要能表达一定的思想感情。而一般的滑稽逗乐除博得一笑之外，没有再多的东西。"

幽默和滑稽，有时看着很像，实际上并不一样。因为，猴子有时也能做出滑稽的动作，引人发笑，但它绝不会幽默。

马戏中的丑角，表演得再好，他只能使观众产生情绪上的愉悦，绝不能带来观念上的哲理思考，而后一种功能只有幽默来承担了。

第三，卖弄聪明不是幽默。

有的人很聪明，才思敏捷、口若悬河，但是他的聪明不是自然而然的流露，而是一种卖弄，这种行为与幽默无关，多数都会惹人生厌。

谈话中的幽默，要为讲话的内容服务。为幽默而幽默，就有卖弄的意思。用庸俗的事例和动作逗笑，更是不可取。

第四，挖苦找乐不是幽默。

讽刺人、讥笑人的语言动作，目的是为了单纯地找乐儿，丝毫不顾及别人的尊严。这是一种缺乏教养的行为，绝不是幽默。这种言行对人际关系非常不利。

讥笑和讽刺的言行，充满着攻击性质，其中，含有怨恨、轻视和伤害别人的意思。讥笑别人的身体缺陷、情感、尊严等，都是缺乏教养的不文明行为。他的笑声是建立在别人的痛苦之上的。这与能为人带来心灵愉悦、又使人回味无穷的幽默，丝毫没有共同之处。

幽默会带来笑声，笑声中又蕴含着启示，在揭示和解决人与事物的矛盾中，使我们感到轻松愉快。讽刺讥笑别人，虽然讥讽者会得到一时快感，但被讥讽者，却受到了心灵的伤害。被人戏弄的感觉必然促使他重新考虑与讽刺者的关系。只为图一时之快损人找乐儿，从而结下怨恨，实为不智之举。这与用幽默来创造良好的人际关系的理念是相背离的。

其实，幽默本身也像一把双刃剑，拿捏不好分寸，既让别人听着心里不舒服，也对自己不利。所以，我们在学习和运用幽默的同时，一定要注意避免以上这些理解性的错误。

精练话语的幽默

幽默有很多好处，是否幽默越多，就会对人与人之间的沟通和交流就越好呢？不是的！幽默能给人们的生活工作带来很多平淡生活中得不到的好处。但是，并非幽默越多越好。幽默应该是三言两语，轻描淡写，它既不像小说那样有完整的结构和曲折的情节，又不像喜剧那样有着激烈的矛盾和冲突。

古人说："事以简而上，言以简为当。"语言是事实和思想的外衣，只有讲究语言的简洁准确，注意表达的分寸，才能进行有效的人际沟通。有人将幽默理解为随心所欲的油腔滑调和取笑逗乐，以为所有能使人发笑的语言都叫幽默，这就失去了真正的幽默意味。这样的幽默，是不得体的幽默。

真正的幽默，必定是以健康高雅的基调、轻松愉快的形式和乐观向上的情怀去揭示深刻、严肃、抽象的道理，使情趣与哲理达到和谐统一。

因此，幽默语言尤其要精练，不能用太多的琐碎的词语，要删繁就简、点到为止，以免影响理解和欣赏效果。

如果我们要在社交中体现幽默，就应该舍去所有的枝枝蔓蔓，用一句话或者几个关键字把自己的想法巧妙地表达出来，既达到一语中的的目的，又直接干脆，让人回味。

美国的莱特兄弟——威尔伯·莱特和奥维尔·莱特是人类航空史上勇敢的开拓者。在 1903 年 12 月 17 日，他们成功地驾驶有动力的飞机飞上了蓝天。此后不久，莱特兄弟前往欧洲旅行。

在法国的一次欢迎宴会上，各界名流汇聚一堂，主人再三邀请他俩给大家讲点什么。大哥威尔伯只好站了起来，说道："据我所知，鸟类中会说话的只有鹦鹉，而鹦鹉是飞不高的。"只这一句话，博得了全场热烈的掌声。因为这一句话既高度地概括了他们工作的艰辛与埋头苦干的精神，又充满了趣味。

在美国总统的竞选过程中，候选人除了要履行总统职责，要承担大量繁重的工作，还需要给人民树立一个健康快乐、充满活力的美好形象。而这一形象的重要表现便是幽默，幽默的话语能帮助他们"大事化小，小事化了"，缓和紧张局势，避免麻烦和树敌过多的局面。

一天晚上，林肯在忙碌完一天的竞选之后刚要上床休息，电话铃响了，有个善于钻营的人告诉林肯说，一位税务总管刚刚去世，如果他投票支持林肯，林肯能不能让他来顶替那个死去的人的职位。林肯思索了一下，这样回答："如果殡仪馆没有意见，我当然不反对。"这个人无可奈何地挂了电话。

这个时候正值竞选白热化，面对来者的无理要求，如果没有一点幽默感，就很难做出万无一失的答复。林肯利用语言的歧义，弄得对方啼笑皆非。既不伤和气，也有力地捍卫了自己的立场。

我们在沟通中使用幽默这一技巧时，也应该用最简洁、明了的语言表达出自己的意思，切忌拖泥带水。

谨记忠告的幽默

培养起一定的幽默感并不是很难，但是要做到能够恰当地把握好幽默的尺度，并不是一件容易的事情。过分的幽默往往会使人产生古怪的感觉，尤其面对刚开始交往的人，你滔滔不绝，笑话连篇，表现出很风趣、很有才华的样子，只会让人反感，使人觉得你过于油腔滑调、轻飘虚伪，喜好卖弄自己。

凡事均要讲适度，幽默亦如此。在生活中，适时适地运用幽默，才能使相互之间的关系更加和谐、亲密。这在那些旨在纠正他人的幽默技巧中表现得更为明显。这里就幽默的使用，有三个忠告。

首先，幽默勿以讥讽他人为乐事。

苛刻的幽默很容易使他人受到伤害。通常，讥讽、攻击、责怪他人的幽默，也能引人发笑，但它却常常让人无法接受，使本应欢乐的场面变得十分难堪。

一位中学教师到某地出差时，拎了一兜香蕉去看望一个多年未见、新近升为副处长的老同学。老同学心宽体胖，雍容富态，开门见是同窗好友，一边让进屋，一边指着他手中的提兜戏谑道："你何时落到'走门子'了？本处长拒绝歪风邪气腐蚀贿赂。"

一句讥讽的调侃，使教师自尊心受了伤，他顿生反感，扭头就走了。

显而易见，幽默既不等同于一般的嘲笑、讥讽，也不是为笑而笑，更不是轻佻造作地贫嘴耍滑。幽默是修养的体现，它与中伤截然不同。幽默笑谈是美德，恶语中伤是丑行，真正好的幽默是真情实感的自然流露，是严肃和趣味间的平衡，它以一种貌似不合逻辑的方式表达出来，却经常表现出心灵的慷慨仁慈。

其次，恶作剧有时可以产生幽默效果，但使用时要注意分寸。

恶作剧在乍见之下，似乎并不是什么错误的事，但只要分析其潜意识，就可以发现其中包含着憎恶及攻击性的心理，有时回想自己所做过的恶作剧难免追悔莫及。

有时，恶作剧的实施者并没有想到对方的心理上可能受到多大的伤害，而且以心理学的观点来看，他实施的内心潜在的强烈意识是"想"进入那"空间"里面。

过火的恶作剧很伤人。所以，恶作剧一定要止于天真无邪的玩笑才行，也只有如此才不会伤害到他人的自尊。善意的恶作剧，幽默情趣很浓，自然能给平淡的生活带来清新的空气，让人开心；但捉弄人的不怀好意的恶作剧，不但令人生厌，而且影响人际关系。

最后，幽默可能会产生良好的效果，但前提是要把握好幽默的投施量。

一句幽默的妙语可以为沟通带来契机和轻松的气氛，但"幽默轰炸"式的妙语、笑语、警句、讽喻，最终只能阻塞沟通。因为这会导致思维紧张，使人不知如何是好。试问有谁能不间断地承受单向传输的幽默呢？这种幽默多了，大家只能认为你油嘴滑舌。

幽默其实是一柄双刃剑，在我们运用的时机、地点乃至言辞不当时，都可能伤害别人的自尊与情感。如果幽默不能为人带来欢娱，却强加给人怨愤、痛苦，这是令人遗憾惋惜的事情。我们应该学会怎样避开幽默的禁区。

幽默的社会心理价值并不意味着它的普遍随意性，幽默的文化功用也不说明它具备了万能的效应。这是一朵带刺的玫瑰，是带有"旖旎风光"的语言"雷区"，任何轻率、莽撞的行为都将饱尝苦果，使原本潇洒轻松走向它的反面。

择选时机的幽默

在日常生活中，幽默要注意场合。约会、洽谈生意等重要的人际交流活动，事先应当选择时机和场合，要考虑什么时间和地点最合适。既然适当的时机和场合是促成谈话成功的因素之一，就要在实际情况容许的前提下，充分利用这个因素，让谈话与场合气氛协调一致。

一位新歌手在一次演唱大奖赛中夺得冠军。主持人问这位激动的歌手此时此刻有什么感受时，他说："今天我得了第一名非常高兴，我赌得了奖金，而且也赌到了名声。""赌"字一出口，全场一片哗然，嘘声不断。这种公开的、不看场合的说话方式，会让人有粗俗浅陋的感觉，因此这位"新秀"的形象在观众心中就会大打折扣，并使观众了解到他此次的参赛动机与人格品质。

可见，在社交场合，谈吐一定要注意周围环境，应把握分寸。

在一些严肃的场合，说者正正经经，听者也正正经经，很少出彩，常常给人一种强烈的压抑感。而一个适时的、恰如其分的诙谐就能很好地缓解这一略显沉闷的气氛。

一次聚会上，与会者个个严肃，场面气氛令人压抑。这时，卓别林要来了一把苍蝇拍子，追打一只在他头上飞的苍蝇，他拍打了好几下都没击中。过了一会儿，一只苍蝇停在他面前了，卓别林举起了苍蝇拍，正要给它致命一击，仔细一看，忽然停住了手，把苍蝇拍子放下了。人们问他为什么不打，他耸耸肩说："这不是刚才缠着我的那一只。"

这只苍蝇是否是刚才的那只，谁也不会真的去计较，卓别林故意信口而言，令与会者捧腹大笑，接下来的交流就显得格外融洽。而别具风格的"信口开河"其实是巧妙利用场合的严肃气氛，使与会者从环境的束缚中解脱出来，备感轻松自在。

但是要注意不要总是以自己为中心，以避免让在场的其他人感到不快或受冷落，因为聚会也是别人的社交场合，也要让别人有表现的机会。有德高望重的长辈或是领导在场的时候，必须要以他们为中心，如果他们也喜欢幽默，恰到好处插上几句也无不可，切忌抢了重要人士的风头，更不可喧宾夺主。

辨清角色的幽默

在社会生活中，每一个人都担任着许多角色，各种角色又在随时转换当中。对于下属而言你是一个领导者，而对上级来说你却是一个被领导者；在企业里你是一个工人，在家庭里你又可能是一个父亲或者母亲、妻子或者丈夫；在顾客面前你是一个售货员，在另外一个场合下你又可能是一位顾客；在戏剧中你是一个演职员，在某些时候你又是一个观众或参与者。

社交中要特别注意定位对方此时的角色，随时调整自己的说话方式和说话内容，捕捉到对方的兴趣所在，这样才能有效利用幽默达到成功社交的目的。否则就可能破坏气氛，造成与初衷相反的效果。

英国女王维多利亚作为一国之王，每日忙于公务，而阿尔约特却不太关心政治，对社交缺乏兴趣，因而，有时夫妻之间也难免闹点别扭。

一天，女王维多利亚处理完手头的工作，深夜回到卧室，见房门已经关闭，就敲起门来。阿尔约特在卧室内问："谁？"维多利亚回答："我是女王。"门没有开，维多利亚再敲，阿尔约特又问："谁？"维多利亚回答："维多利亚。"门还是没有开。维多利亚徘徊半晌，再敲。阿尔约特仍问："谁？"维多利亚回答："你的妻子。"这时，门开了，阿尔约特热情地用双手把她拉了进去。

一个真正懂幽默的人，通常能够根据对方的角色准确捕捉到对方的兴趣所在，巧妙地说出一些幽默的话，达到活跃气氛、进一步交流的目的。

我们身边的每个人，因为身份、性格和心情的不同，对幽默的承受能力也有差异。同样一个玩笑，能对甲开，不一定能对乙开；能对乙开，却不一定也能对甲开。一般来说，晚辈不宜同长辈开玩笑，下级不宜同上级开玩笑，男性不宜同女性开玩笑。在同辈人之间开玩笑，也要注意对方的情绪信息和性格特征。如果对方性格外向，能宽容忍耐，幽默稍微过大也无妨；若对方性格内向，喜欢琢磨言外之意，幽默就要慎重了。当然对于平时生性开朗的人，若恰好碰上他有不愉快或伤心之事，就不能随便与之幽默。相反，对性格内向，但正好喜事临门的人，与他开个玩笑，幽默的氛围也会一下子突现出来。

丢掉讽刺的幽默

幽默和滑稽都逗人发笑，但这是两种不同的笑。生活中可以见到一些滑稽现象，例如高大的胖女人和矮小的瘦男人跳舞；或是男人扮女相，唱女腔，挺大的块头，扭捏作态，冒充多情的姑娘；还有某些相声里表演的某人一下子掉进老虎洞，众人相救而出，这就是滑稽。

贫嘴瞎逗、装傻充愣固然能使人发笑，但这种笑是由于事情的荒唐怪诞而引起的，并没什么内涵和新意，更没什么可回味的东西。于是我们常常想起这么一句话："使人发笑的，是滑稽；使你想了一想才发笑的，是幽默。"那些利用庸俗材料制作的搞笑节目，来硬捅观众胳肢窝笑的，并不是幽默，而只是滑稽。比如有个饭店的服务员，他像个老兵似的习惯于服从命令。假如别人喝令他"立正"，他慌忙垂下双手，任捧在手里的杯盘落地打碎，这就是滑稽。滑稽使人发笑，也可带有讽刺意味，但它缺少幽默的深刻内涵。滑稽的笑有可能是荒唐至极的笑，而幽默的笑是启人心智的笑。一个是浅薄的逗乐；而另一个是智慧的闪现。

第二次世界大战期间，英国首相丘吉尔来到华盛顿会见当时的美国总统罗斯福，要求美国共同抗击德国法西斯，并给予英国物资援助。丘吉尔受到热情接待，被安排住进白宫。这天早晨，丘吉尔正躺在浴盆里，抽着他那特大号的雪茄烟。门开了，进来的正是罗斯福。丘吉尔大腹便便，肚皮落出水面……这两个首脑人物在此刻见面，委实尴尬。丘吉尔把烟头一扔，说："总统先生，我这个英国首相在您面前可真是开诚布公，一点隐瞒也没有！"说完后，两个人哈哈大笑起来。随后，双方的会谈获得成功。

或许丘吉尔的幽默不无作用吧！他说"一点隐瞒也没有"，不仅是为调侃打趣，缓解窘境，而且含有坦诚求助、彼此信任的寓意。因而这是幽默，而不是滑稽。

纯粹的讽刺也不能和幽默相提并论，它们之间也有实质性的差别。讽刺是针对社会弊病和某些人的恶习丑行加以尖锐的嘲笑和批判，其矛头所指、针砭意图总是朝着别人的或客观的。而幽默即使是批评和嘲弄也并不是专对别人的，即使不得不反击对方的挑衅，也总是有一种含笑的启示和智慧的火花。另一区别是讽刺未必逗人发笑，而幽默总要诙谐有趣。所以，苏联心理学家普拉图诺夫说："幽默是在玩笑的背后隐藏着对事物的严肃态度，而讽刺却是在严肃的形式背后隐藏着玩笑。"此话道出了幽默与讽刺的主要区别。

"一语惊人"的幽默

语言是交流的工具，它能表达人们的思想和情感。同一个意思，长短不同的句子具有不同的表达效果，一般书面语中用长句子的时候较多，因为书面语讲求逻辑严密。但是在日常生活中，为了表达和接收的方便，我们则较多使用短句表达我们的想法。

所以，一般的生活用语大都简短有力。比如在日常交流中，经过很长时间的沉默后，以一两句画龙点睛的话去作总结，就会产生令人难以抗拒的幽默效果。

在一次电视节目中，主持人向一位女作家问了这样一个问题："一个女人要婚姻持久，你认为什么是最重要的？"

"一个耐久的丈夫。"女作家随口答道。

那位主持人提出的问题不是一两句话就能说清楚的，但女作家又不能不回答，为了避免过多的纠缠，女作家一句"一个耐久的丈夫"，既幽默又简洁，发人深思，可谓"一语惊人"。

其实，生活是个很大的舞台，在这个大舞台的很多场景里我们都能看到各种各样的人演出一幕幕"一语惊人"的剧目，女作家可以成为主角，小女孩也可以。

在萧伯纳访问苏联期间。一天早晨，他照例外出散步，一位极可爱的小姑娘迎面而来。萧伯纳叟颜童心，竟同她玩了许久。临别时，他把头一扬，对小姑娘说："别忘了回去告诉你的妈妈，就说今天同你玩的可是世界上有名的萧伯纳！"萧伯纳暗想：当小姑娘知道自己偶然间竟会遇到一位世界大文豪时，一定会惊喜万分。

"您就是萧伯纳伯伯？""怎么，难道我不像吗？""可是，您怎么会自己说自己了不起呢？请您回去后也告诉您的妈妈，就说今天同您玩的是一位了不起的苏联小姑娘！"

上面故事中，苏联小姑娘不但"一语惊人"，"惊"的还是一个伟大的人物。她聪明幽默地展示了人人平等、诙谐自信等值得赞扬的信念，从而一语惊醒了表现得有些"傲人"的萧伯纳。

就像上面故事中的萧伯纳一样，一些做出了伟大成就的人往往有自大的毛病，他们说话、做事也往往以自己为中心，甚至把自己看成别人的骄傲。作为他们身边的人，你有责任委婉地提醒他们不要过于狂妄自大，这不但能够保护自己免受他们的伤害，而且这对他们自己也是很有好处的。

有一次，拿破仑对他的秘书说："布里昂，你也将永垂不朽了。"布里昂迷惑不解，拿破仑提示道："你不是我的秘书吗？"布里昂明白了他的意思，微微一笑，从容不迫地反问道："那么请问，亚历山大的秘书是谁？"拿破仑答不上来，便高声喝彩："问得好！"

上面这个幽默例子，应该属于机辩的类型。机辩在某种程度上讲，有一定反击性。当对方出言不逊足以伤害你的自尊心时，要及时地、机智地、幽默地加以反击，也就能一语惊醒他。下面这个故事中病人所用的也是一语惊人式的幽默。

"能告诉我，你为什么要从手术室跑出来吗？"医院负责人问一个万分紧张的病人。

那位护士说："勇敢点，阑尾炎手术其实很简单！"

"难道这句话说得不对吗？她是在安慰你呀。"负责人笑着对病人说。

"啊，不，这句话是对那个准备给我动手术的大夫说的！"

病人幽默地画龙点睛，鲜明地表达出自己对医生手术水平的怀疑。本来一个不容易启口的事情，被他用三言两语幽默含蓄地表达清楚了。

语言不是万能的，不过有时候一句话却能够在适当的场合发挥出意想不到的作用。"一语惊人"的幽默有"秤砣虽小压千斤"的力和"片言明百句，坐役驰万里"的广度。由于"一语惊人"的幽默具有这一特点,我们在交谈中使用这一技巧时,就应该用最简洁、明了的语言表达出自己的意思,切忌拖泥带水。

模仿他人的幽默

大多数人都有一些不好的习惯,比如走路时不停地自言自语,讲话时带有口头禅,说话语调阴阳怪气,等等。这些语言上的坏习惯经常出现,身旁的人也就习以为常,见怪不怪。但如果有人突发奇想,对他人语言上的一些坏习惯进行模仿,使这些坏习惯忽然离开了他的主体,出现在模仿者身上,那么这些坏习惯就会令人感到可笑了。他人语言上的坏习惯是我们用来制造幽默的好材料。

模仿愚人说话能产生幽默。当年,适逢齐鲁大学校庆,山东军阀韩复榘在演讲台上说出下面这么一大段信口雌黄、狗屁不通的"笑话"。

"诸位,各位,在齐位:

今天是什么天气?今天是讲演的天气。开会的来齐了没有?看样子大概有五分之八啦,没来的举手吧!很好,都到齐了。你们来得很茂盛,鄙人也实在是感冒……今天兄弟召集大家来训话,兄弟有说得不对的地方,大家应该互相谅解,因为兄弟和大家比不了。你们都是文化人,都是大学生、中学生和留洋生,你们这些乌合之众是科学化的、化学化的,都懂七八国的英文,兄弟我是大老粗,连中国的英文也不懂……你们是从笔筒子里钻出来的,兄弟我是从炮筒子里钻出来的,今天到这里讲话,真使我蓬荜生辉,感恩戴德。其实我没有资格给你们讲话,讲起来就像……就像……对了,就像对牛弹琴。"

话语间,他一再表明自己是大老粗,可又一心想充文化人,以至于滥用辞藻,颠倒黑白。看过这段话,大家一定会发现,这段话绝对符合幽默学上所说的出人意料的效果,毕竟谁能想到时任山东省主席的韩复榘竟是这样一个没有文化的大草包呢。不过就是上面这么一段,从模仿的角度来看,却是模仿的好素材。如果在某些场合说话时,你也来上这么一段,一定会令听众笑掉大牙。

学习结巴也能产生幽默。小孩子就特别喜欢学结巴的人讲话，大人们听到了总是厉声呵斥。大多数人的结巴是天生的，有些人的结巴是后天因素造成的，正常人在紧张时，也会结巴。结巴，不利于语言表达，这是一件不幸的事。但结巴却可以被用在制造幽默上。

一个结巴去买西瓜，发现只带了两元钱，就去问老板一个西瓜要多少钱。

结巴："老老老老老老板板，一一一一一个个个西瓜西瓜……"

老板听得很不舒服，没等他说完就帮他拿一个西瓜称了。

结巴："多多多多少钱。"

老板："三元八角！"

结巴："买买买买买买买买买……"

老板听得头皮发麻，没等他讲完就帮他切开了。

结巴："买买买不不不不起！"

"……"

你可以在这样的时候模仿结巴制造幽默，别人问你："你知道小王最近结婚了吗？"你可以故意这样说："啊……啊，我怎么没……没听说啦，那那那你……你讲讲看。"运用这种幽默技巧时，结巴的口气要自然，停顿不要太多，但也要注意不要经常使用这种技巧，要知道结巴是能学出来的，如果真的变成结巴，到时候恐怕你就幽默不起来了。

把握分寸的幽默

（1）避免幽默运用的误区。

①夸张失度。朋友相聚，可以海阔天空神聊一番。但与初识之人则不宜大肆渲染、过分夸张，否则对方会认为你浮华不实，阻碍了你的"印象渗透"。

②讽刺过火，辣味太过。有些人惯于挖苦讽刺别人，他津津乐道、眉飞色舞是以损害他人自尊心为前提。这种人必将成为社交中"孤独的牧羊人"。

③故作幽默。幽默的特征之一是其质朴性。幽默语在心里感觉上应该是轻松明快、自然的。幽默的大敌是做作，矫揉造作永远与美无缘。"幽默是一种优美的健康品质"，高尚的幽默具有很高的美学价值。

④争强好胜。幽默的目的不是压倒对方。有时会遇上对方是幽默高手，他能妙语连珠出口成章，这时你千万要保持风度不可兴起竞争之心。遇到这种人你要注意倾听，以观众身份来观察学习，任由对方得意地发挥幽默，从中学习对方长处，了解对方的个性，一样能达到拉近距离的目的，还会令对方赏识你。

（2）幽默必须真实而自然。

听了肯尼迪总统的就职演说后，尼克松偶然碰到肯尼迪的一个助手——特德·索伦森。他们开始谈论肯尼迪的演说。

"要是我能说上几句该多好啊！"尼克松说。

"指哪一部分？"索伦森想知道，"是不是那部分'不要问你的国家能为你做些什么？……'"

尼克松："不。是开头的那部分，'我愿庄严地起誓。'"

我们经常看到和听到一些政治家们的幽默言行，他们大多把幽默的力量运用得十分自如，真实而自然。没有耸人听闻，也不哗众取宠，更不是做戏。这是因为，他们都知道太精于说妙语和笑话，对个人的形象并无帮助。

（3）开玩笑要掌握好分寸。

一般来说，后辈不宜同前辈开玩笑；下级不宜同上级开玩笑；男性不宜同女性开玩笑。在同辈人之间开玩笑，则要掌握对方的性格特征与情绪信息。和残疾人开玩笑，注意避讳。人人都怕别人用自己的短处开玩笑，残疾人尤其如此。俗话说，不要当着和尚骂秃儿，癫子面前不谈灯泡。

（4）活泼但不轻浮。

举止活泼，谈吐风趣幽默，往往是人际交往的良好触媒，也是交往深化的催化剂。不过切莫做过了头，否则就难免有不检点、轻浮之嫌。我们的身边可能都有这样的人，他不分场合，不择对象，谈话中一味插科打诨，俏皮话连篇，有时甚至在大庭广众之下，公然呼叫别人的绰号，开一些不适当的玩笑（例如以对方的生理缺欠为目标），不仅引起当事者的反感，而且连在场的其他人也觉得难堪，不知如何收场。那么，怎样才能收到活跃气氛、融洽关系的预期效果呢？因而，我们绝对不能把庸俗（甚至是恶俗）

当成洒脱幽默，把肉麻当成好玩有趣。否则，这种所谓的"活泼"，就将变成人际往来的陷阱。

（5）开了不适宜的玩笑要及时弥补。

纪晓岚中进士后，当了侍读学士，陪伴乾隆读书。

一天，纪晓岚起得很早，从长安门进宫，等了很久，还不见皇上到来，他就对同来侍读的人开玩笑说："老头儿怎么还不来？"

话音刚落，只见乾隆已到了跟前。因为他今天没带随从人员，又是穿着便服，所以没有引起大家的注意。皇上听见了纪晓岚的话，很不高兴，就大声质问："'老头儿'三字作何解释？"

旁边的人见此情景都吓了一身冷汗。纪晓岚却从容不迫地跪在地上说："万寿无疆叫做'老'，顶天立地叫做'头'，父天母地叫做'儿'。"

乾隆听了这个恭维自己的解释，就转怒为喜，不再追究了。

在人际交往中，成功地运用自己的机智和辩才，随机应变，可以化解矛盾，帮助交际者走出困境。纪晓岚正是成功地运用曲意直解，将对乾隆有不尊性质的"老头儿"三字，巧释为"万寿无疆""顶天立地""父天母地"。这样不但化险为夷，而且变被动为主动。

在生活中也难免会遇到类似纪晓岚的尴尬，自然也需要适当的方法予以弥补。

曲意表达的幽默

曲意表达是不把所有的意思和盘托出，而是把本来可以直说的话，故意含蓄地表达出来，使别人易于接受。

说话有尺度，交往讲分寸，办事讲策略，行为有节制，别人就很容易接纳你、帮助你、尊重你、满足你的愿望。忠言逆耳，在你试图说服和劝诫别人的时候，你的一句话可能会赢得他的尊敬，也有可能使你遭受对方强有力的反击。因而，在劝说别人或提出自己的想法时，要注意策略和技巧，慎之又慎，曲意表达时，点到为止。

一位顾客在一家餐馆就餐时，发现汤里有一只苍蝇，不由得大动肝火。

他先质问服务员，对方全然不理。后来他亲自找到餐馆老板，提出抗议："这一碗汤究竟是给苍蝇的还是给我的，请解释。"

那老板只顾训斥服务员，也不理睬他的抗议。他只得暗示老板："对不起，请您告诉我，我该怎样对这只苍蝇的侵权行为进行起诉呢？"那老板这才意识到自己错了，忙换来一碗汤，谦恭地说："你是我们这里最尊贵的客人！"

这个顾客借用所谓苍蝇侵权的类比之言暗示对方："只要道歉，我就饶恕你。"这比直接的抗议还要有效，也易于被别人接受。

大家都有这样一种感受，只有发生在自己身上的事情，才有最全面最深刻的感受。如果置身事外，任凭说服者口吐莲花，也很难为之所动。所以，在说服他人的过程中，如果能让对象置身其中，再加以幽默婉转的语言，那么一定会收到事半功倍的成效。

有位贪吃的太太去求医，医生问明来由点了点头。她问："开点什么药最好？"医生除了开点助消化的药外，对她说："我太太也曾出现过这样的现象，她的医生也送了一剂开胃药给她，很是有效。"

胖太太很高兴："太好了！"

医生在开完药后，举出自己太太的例子，使胖太太有种"遇知音"的亲切感，而后用幽默的方式劝导胖太太，既避免了涉及与"胖"有关的话题，又婉转表达出忠告，有着很好的劝导效果。

果戈理在《剧场门口》中所说："在冷静的笑的深处，可以发现强大的、永不磨灭的爱的炽热的火花。"幽默风趣之所以让人感到温暖、亲切，感到有说服力，是由于幽默者运用幽默语言巧妙地把对方置于说服语言之中，使其感同身受。

儿子："妈妈，我们学校的一个男老师爱上了一位普通工人。"

妈妈："这是一件好事啊，爱情上人人平等，这是一种超越物质的爱情，在现在这种浮华的社会里实属难能可贵。我要马上把这件事写成一个剧本，好好宣传一下。"

儿子："你们当作家的就喜欢挖掘这种题材，连这件小事也值得写进剧本里？"

妈妈："虽然现在是21世纪了，但有些人还是有'门当户对'的老观念，像这样勇于冲破传统习俗的男孩子，应该好好地宣传。"

儿子："妈妈，如果你是这个女孩儿，你会义无反顾吗？"

妈妈："当然了，这真是令人感动的真爱！"

儿子："真的吗？妈妈，这个老师就是我。"

妈妈："什么？是你，是谁同意你这么做的？"

儿子："妈妈，你刚才不是很赞同'我'的做法吗？"

妈妈无言以对，只得同意。故事中的"儿子"很巧妙地把妈妈这个冷漠的旁观者摆进了自己的故事里，也就超越了故事，说服了妈妈。

一个人一旦置身于别人勾画的框架中，就很容易顺着这种思路走。有了说服对象这种热乎乎的心肠，即使说话者的言语可能是尖锐的，对象却不感到刻薄；说话者的言语是俏皮的，对象却不觉得风凉。说服对象始终被一种"感同身受"的心态驱使着，能深入体会说话者的良苦用心，也就很容易接受他的意见。